Josef Eschbach

Umbrüche

D1669293

Josef Eschbach

Umbrüche

Begegnungen in diesem Jahrhundert

Illustrationen von Ursula Lohrey

Verlag Butzon & Bercker Kevelaer

Mitglied der »verlagsgruppe engagement«

Die Deutsche Bibliothek – CIP-Einheitsaufnahme

Eschbach, Josef:
Umbrüche : Begegnungen in diesem Jahrhundert / Josef
Eschbach. Ill. von Ursula Lohrey. – Kevelaer : Butzon und
Bercker, 1992
  ISBN 3-7666-9769-2

ISBN 3-7666-9769-2

© 1992 Verlag Butzon & Bercker D-4178 Kevelaer 1.
Alle Rechte vorbehalten.
Umschlaggestaltung: Ursula Lohrey, Würzburg.
Gesamtherstellung: Bercker Graphischer Betrieb GmbH, Kevelaer.

INHALT

VORWORT

In einer Zeit wie der unsrigen, in der wieder einmal gewaltige Umbrüche das Weltgefüge erschüttern, ist es vielleicht hilfreich, darauf hinzuweisen, daß die Welt in größeren oder kleineren Abständen ständig solchen Umbrüchen ausgesetzt ist und daß die davon Betroffenen jedesmal in Mitleidenschaft gezogen werden. Wie augenblicklich der Niedergang des Marxismus-Leninismus offenkundig wird, riß uns vor kaum einem halben Jahrhundert der Faschismus beinahe in den Abgrund. Aus der Geschichte soll man lernen. Nun weisen beide totalitäre Weltanschauungen eine verblüffende Übereinstimmung aus. Stalin verkündete, der Marxismus habe „den Menschen das Gewissen herausgeschnitten"; Hitlers Schuld besteht, auf den Punkt gebracht, ebenfalls darin, daß er die Menschen gewissen-los zu machen trachtete. Er baute einen Popanz auf, der an die Stelle des Gewissens treten sollte. „Du bist nichts, dein Volk ist alles." Wer im Dritten Reich nicht einverstanden war, sein Gewissen zu vergessen, wurde vernichtet. Beide Systeme waren von

Anfang an zum Untergang verurteilt. Denn Menschen ohne Gewissen kennen keine Verantwortung. Irgendwann werfen sie ihre Fesseln zwangsläufig über Bord.

Viele wundern sich, nach anfänglicher Euphorie, warum die Deutschen so mühsam zusammenfinden, daß die Gräben zwischen ihnen so schwer überbrückbar sind. Man sollte die Bürger der untergegangenen DDR nicht schelten. Fünfundvierzig Jahre aufgezwungener Spaltung, systematischer Umerziehung lassen sich nicht von heute auf morgen löschen. Die Folgen des Gewissensterrors während des Dritten Reiches waren genauso schwerwiegend und tiefgreifend und richteten ähnliche Schäden an. Die Parallelen sind erschreckend. Deswegen halte ich es für aufschlußreich, darzustellen, wie Gewissenskonflikte von den Nazis bewußt erzeugt und geschürt wurden; ich möchte in drei Episoden erzählen, wie Menschen damals darauf reagierten und wie unterschiedlich sie der Herausforderung begegneten.

Vorher jedoch muß ich ein Mißverständnis ausräumen. In letzter Zeit fällt mir auf, daß Nachgeborene, vor allem Schüler, enttäuscht sind, wenn sie hören, daß mit der nationalsozialistischen Machtübernahme am 30. Januar 1933 nicht sofort etwas Spektakuläres passierte. Die Lebensabläufe änderten sich wenig, wer nicht aufbegehrte und sich anpaßte, brauchte, abgesehen vom Krieg, keine materiellen Nachteile zu befürchten. Schilderungen aus dieser Zeit können tatsächlich den Eindruck erwecken, es sei alles halb so schlimm gewesen.

Das wäre eine gefährliche Halbwahrheit. Man muß hinter die Kulissen schauen. Für mich bestand die eigentliche Infamie der neuen Machthaber darin, daß sie nicht mit offenem Visier kämpften, sondern ihre Gegner heimtückisch zugrunde richteten. Wer nicht zu Kreuze kroch, wurde in Gewissensnöte getrieben und so lange seelisch und körperlich traktiert, bis er kapitulierte. Mit ausgeklügelten Methoden, ja mit ausgefuchsten Teufeleien

brachten sie Opfer zur Strecke. Die vorgetäuschte Harm-
losigkeit, auf die viel zu viele, entweder aus Bequemlich-
keit oder um erhoffter Vorteile willen, hereinfielen, war
die eine Seite, die Zielstrebigkeit, mit der es Widerspen-
stigen an den Kragen ging, die Kehrseite der Medaille.
Typisches Opfer einer derartigen Kampagne wurde mein
armer Vater. Der einfache, fromme Mann hätte ohne die
Nazis ein unbedeutendes, insgesamt friedvolles Leben
geführt. Daß er als Beamter in städtischen Diensten
stand, brach ihm den Hals. Mit Hilfe dieser Abhängig-
keit setzte man ihm Daumenschrauben an, die immer
enger gezogen wurden. Er wurde so lange verunsichert
und schließlich sogar mit Entlassung bedroht, bis er in
einer schwachen Stunde umfiel und um Aufnahme in die
Partei nachsuchte. Wäre er ein Bruder Leichtfuß gewesen, hätte er seinen Umfall mit der unverschuldeten Not-
lage erklärt, in die er geraten war und aus der er keinen
anderen Ausweg sah. So aber litt er unter sich mehren-
den Gewissensbissen und wurde ernstlich krank davon.
Am ärgsten belastete ihn, daß ich, sein ältester Sohn, ihm
seine Nachgiebigkeit nie verzieh. Meine Sturheit ärgert
mich bis heute.
Hielt ich mich im Falle meines Vaters aus jugendlicher
Uneinsichtigkeit für den moralisch Überlegenen, erkannte ich im Laufe der Zeit, daß ich, verglichen mit Franz
Biesenbach, dem Helden meiner nächsten Episode, unab-
wendbar ins Hintertreffen geriet, obwohl wir am 26.
April 1935 mit derselben Hingabebereitschaft in die „Gesellschaft Jesu" eingetreten waren. Warum begriff der
Kölner das Anliegen des Ordensstifters Ignatius von
Loyola und ich nicht? Weil er demütig genug war, sich
im richtig verstandenen Gehorsam zu unterwerfen! Dabei fielen ihm Erfolge keineswegs in den Schoß. Im Gegenteil! Das war seine Größe: daß er in Niederlagen
nicht verzweifelte, sondern ergeben blieb und seinen
Weg unbeirrt fortsetzte. Ich möchte von ihm erzählen,

damit er nicht zu schnell vergessen wird. Menschen wie er sind auch in unserer Zeit ein Vorbild! Und weil er mein Freund wurde. Der auf meiner Seite stand, als ich in monatelangen Gewissensbissen mit mir rang und den Orden schließlich verließ.

Als ich mich aus der „Gesellschaft Jesu" verabschiedet hatte, war es unverdientes Glück, daß ich Helga York kennenlernte. Von unserem gemeinsamen Lebensweg berichtet der letzte Beitrag. Zwangsläufig sah ich mich aufs neue quälenden Gewissensentscheidungen ausgesetzt. Ein Freund, der meine Darlegungen las, wandte ein, sie verharmlosten; wenn man überspitzen wolle, könne man behaupten, nichts wäre mir so vordringlich gewesen wie das Herbeischaffen von Hundefutter für meinen Scotch-Terrier. Abgesehen davon, daß es nicht ehrenrührig ist, sich in Notzeiten um Tiere zu kümmern; mein Freund übersieht, daß es mir gerade darauf ankam zu zeigen, wie man in der Schlußphase des Dritten Reiches lebte, wie man sich durchlavieren mußte, wollte man wegen der besonderen Gefährdung den aufgestellten Fallen entgehen. Wenn das keine Umbrüche waren. Mir schien, ich erlebte täglich neue.

PLÄDOYER FÜR MEINEN VATER

Womöglich geht es vielen Söhnen so, denen ein gütiges Geschick im Alter Muße und genügend Nachdenklichkeit vergönnt, sich auf den Vater zu besinnen, daß sie sich plötzlich betroffen fühlen in Erwägung ihrer bisherigen Gleichgültigkeit. Der Vater spielte, wenn überhaupt, eine höchst untergeordnete Rolle in ihrer Lebensplanung. Früher oder später sträubt sich der Heranwachsende gegen jede bevormundende Einmischung seitens der Älteren, bis in die Mannesjahre bleibt er allergisch. Wird man jedoch selber älter, denkt man irgendwann, man stünde mit leeren Händen da, weil man mit Bestürzung erkennt, wie blaß, unzureichend und einseitig das Bild des Vaters ist, das sich eingenistet hat. Möchte man diese Verkümmerung fürderhin nicht dulden, muß man, um die Dinge zurechtzurücken, den Vater sozusagen rehabilitieren; man muß Charakterzug um Charakterzug von ihm hernehmen, ausleuchten und untersuchen, auf diese Weise sowohl dem Verblichenen Gerechtigkeit gewährend wie eigene Gewissensbisse tilgend. Ich jedenfalls

versuche diese Vergangenheitsbewältigung und halte sie
für ein Gebot unverzichtbarer Sohnesliebe.

Aber man kann einen Menschen nicht isoliert beschrei-
ben; wiewohl ursprünglich von mir weder bedacht noch
beabsichtigt, entsteht gleichzeitig ein Bild der Zeit, in der
er lebte, die erste Hälfte dieses zu Ende gehenden Jahrhunderts, vermehrt um ein rundes Dutzend Jahre vor
1900 und um ein halbes Dutzend nach der Jahrhundert-
mitte, denn er wurde im Drei-Kaiser-Jahr 1888 geboren
und starb 1956. Wer meint, eine Zeit lasse sich wohl zu
allerletzt anhand von Daten eines mittelmäßigen Zeitgenossen vorführen, sollte bedenken, daß nicht die ver-
schwindend kleine Minderzahl der Außenseiter am obe-
ren oder unteren Rande des Spektrums typisch sein
kann, sondern die in der Mitte, die die Zeit am eigenen
Leibe erlebten und erlitten.

Also trachtend, hervorstechende Eigenschaften meines
Vaters zusammenzutragen, fällt mir als erstes seine Un-
bestechlichkeit ein, die Beharrlichkeit, mit der er an
Überzeugungen und Grundsätzen festhielt. Ich habe in
meinem ganzen Leben nie wieder jemanden kennengelernt, der einen einmal eingenommenen Standpunkt so
unbeirrbar und kompromißlos verfocht wie er. Freilich
hat das zwei Seiten; Gegenargumenten war er kaum zugänglich, und er wirkte deswegen besserwisserisch, mit
fortschreitendem Alter sogar halsstarrig. Dennoch ist mir
Charakterfestigkeit sympathischer als Schilfrohrmentali-
tät, schon gar in einem Zeitalter der Gesinnungsakroba-
tik wie dem unsrigen. Daß er ein einziges Mal, 1934, in
die Enge getrieben und hoffnungslos, seine Überzeugung verriet und zu Kreuze kroch, nagte an ihm bis zur
letzten Stunde und vergällte ihm das Leben; daß massi-
ver, systematischer Druck ihn weichgekocht hatte, mil-
derte an den Selbstvorwürfen nichts. Daß er sich selber
den „Umfall" nie verzieh, bestätigt im übrigen seinen
Hang zu unbedingter Geradlinigkeit nur einmal mehr.

Ein weiteres, unübersehbares Charakteristikum war seine Gläubigkeit, seine zutiefst religiöse Verwurzelung, seine absolute Loyalität der römischen Kirche gegenüber. Was auch der römische Papst oder der Kardinal von Köln verlautbarten und anordneten, wurde akzeptiert, in einer Selbstverständlichkeit, die fast schon unterwürfig anmutete und nicht davor zurückschreckte, dafür auf die Barrikaden zu steigen. Eine derartige Identifikation ist nur zu erklären aus der jahrhundertealten, auf dem rechten Rheinufer im Umland Kölns angesiedelten besonderen Katholizität, die am Anspruch Roms, die alleinseligmachende Kirche zu sein, nicht den mindesten Abstrich duldete. Mein Vater hatte diese Romhörigkeit im Elternhaus vorgefunden, bei einem Vater, der während des sogenannten Kulturkampfes an dem Bauernaufstand vor dem Kölner Dom teilgenommen hatte und für den die Teilnahme zu einem Glaubenszeugnis und zum Jahrhunderterlebnis geworden war. Für meinen Großvater wie für meinen Vater verbanden sich mit dieser Demonstration zweierlei: Einmal bezeugte sie die Glaubenstreue der Rheinländer; zum anderen jedoch war sie angetan, die „preußisch-ostelbische Anmaßung" gehörig anzuprangern. Durch diese Kundgebung wurde man weltweit auf den in den Rheinlanden brodelnden Unmut aufmerksam.

Romtreue und Preußenhaß, gleichsam mit der Muttermilch eingesogen, prägten meinen Vater nachdrücklicher, als man es sich heute vorstellen kann; aber im Grunde vollzog sich sein Leben zwischen diesen beiden Polen. Während er sich Rom unkritisch fügte, entwickelte er Preußen gegenüber eine Abneigung, die mit einer angemessenen Einschätzung nichts zu tun hatte und übers Ziel weit hinausschoß.

Warum standen sich römischer Katholizismus und Preußentum so unversöhnlich gegenüber? Für meinen Vater jedenfalls waren Preußen und Protestantismus so eins, daß er mir zum Beispiel den Umgang mit evangelischen Mitschülern strikt untersagte.

An der explosiven Spannung trugen beide Schuld. Schon vom Naturell her empfanden die lebenszugewandten Rheinländer – Preußen erst 1815, auf dem Wiener Kongreß, zugeschlagen – kaum Sympathie für die neuen Herren; zu kraß unterschieden sie sich von den verschlossenen, überheblich auftretenden Besatzern. Hinzu kam, daß diese nicht die geringfügigsten Anstrengungen unternahmen, um die neuen Untertanen zu gewinnen. Nach ihrem Verständnis hatte man sich dem Reglement zu unterwerfen und zu Kreuze zu kriechen.

Die bereits vorhandene, stets wachsende Animosität schlug in offene Feindschaft um, als Bismarck seinen sogenannten Kulturkampf begann, den er in katholischen Landstrichen rücksichtsloser führte als sonstwo. Überzeugt, nach den gewaltigen weltpolitischen Erfolgen auch im Inneren über genügend Autorität zu verfügen, um die deutschen Katholiken von Rom lösen und sie für eine Nationalkirche erwärmen zu können, brach der „eiserne Kanzler" den Streit vom Zaun. Er hatte den rheinischen Klerikalismus unterschätzt. Als er vor drakonischen Maßnahmen nicht zurückschreckte und den Kölner Kardinal kurzerhand einsperren ließ, trieb dieser Handstreich die Empörung zur Siedehitze. Tausende wütender Demonstranten versammelten sich vor dem Kölner Dom, unter ihnen Bauern aus dem Siebengebirge mit Mistgabeln, Dreschflegeln und ähnlich einschlägigem Gerät; erregt sangen sie „Wir sind im wahren Christentum" und ließen sich von Handgreiflichkeiten nur mit Mühe fernhalten. Mein Großvater schwebte in höheren Regionen, die Familie partizipierte am Glanz und wurde von der Euphorie angesteckt.

Verständlich, daß mein Vater, ein lebhaftes Kind, nicht hintanstehen mochte. Wiewohl er, erst 1888 geboren, nicht persönlich teilgenommen hatte und vom Kölner

Aufstand nur durchs Hörensagen wußte, verursachten die beharrliche Auftischung, die Aufbauschung seitens seines Vaters in dem Heranwachsenden eine derartige Verfestigung, daß er zeitlebens nicht davon loskam, auch nicht, als Bismarck die Aussichtslosigkeit der „Los-von-Rom-Bewegung" längst eingesehen und die Auseinandersetzung beendet hatte. Immer wieder erzählte mein Vater uns Kindern von dieser Kraftprobe, sie ausmalend und glorifizierend, in der Absicht, uns im überlieferten Glauben zu bestärken und den Widerwillen gegen Preußisch-Evangelisches wachzuhalten und zu schüren.

Da ich in den Erinnerungen krame, überlege ich, wann mir die Eigenheiten meines Vaters zum ersten Mal bewußt wurden. Ich denke, ich war vierzehn oder fünfzehn; er zählte dreiundvierzig. Plötzlich sehe ich ihn leibhaftig vor mir. Mittelgroß und von kräftiger Statur, trug er die Haare kurzgeschoren. Ich wurde noch mit fünfzehn samstäglich nach einem ausgiebigen Bad eigenhändig von ihm meiner in der abgelaufenen Woche nachgewachsenen Haarpracht beraubt. (Meine beiden jüngeren Brüder widersetzten sich der grausamen und entwürdigenden Tortur jeweils zwei Jahre früher.) Dabei hatte er nach Auskunft meiner Mutter als Jüngerer gerade auf die Frisur und auf modische Kleidung äußersten Wert gelegt. Vom Hochzeitsbild aus dem Jahre 1914 blickt mich ein wohlaussehender, gepflegter, etwas eitler junger Mann an. Der schmale Mund und energische Gesichtszüge verraten Durchsetzungsvermögen und Eigensinn. Leider vernachlässigte er sich in den nachfolgenden Jahren zusehends.

Daß regelmäßig und langatmig, oft in erdachten Texten, gebetet wurde, daß man auf die Teilnahme an den Gottesdiensten achtete, versteht sich bei der Veranlagung meines Vaters am Rande. Daß ich als Sechzehnjähriger zur Lektüre eines Erbauungsbuches mit der Unterteilung „Woher kommst du?", „Wo stehst du?", „Wohin gehst du?" mit sich anschließender Erörterung angehalten wurde, war bezeichnend für die etwas hausbackenen religiösen Erziehungsversuche, die mir keine Wahl ließen als die, in seinem Sinne „fromm" zu sein. So kam es auch, daß ich schon früh die Berufung zum Priestertum zu spüren vermeinte. Wie sehr ich damit einem Herzenswunsch meines Vaters entgegenkam, begriff ich erst in voller Tragweite, als ich ein paar Jahre später von diesem Berufsziel abrückte.

Von ihm in Glaubensfragen dominiert, eignete ich mir in jenen Jahren auch seine politischen Vorstellungen an, ihnen teils zustimmend, sie teils gehorsam übernehmend. Die Vereinnahmung geschah zumeist während gemeinsamer Spaziergänge. Ich lauschte ihm gebannt, er verstand es, einen mitzureißen, sein Weltbild war unverästelt und deswegen unschwer vermittelbar. Ich erinnere mich manchen Weges nach Gut Holzheim, das wir über Nothberg erreichten, wo wir vor der holzgeschnitzten Pietà in der Wallfahrtskirche ein Ave verrichteten.

Jedesmal nahm Preußen in seinen Darlegungen einen herausragenden Platz ein, obgleich es sich um 1930 bereits mehr als ein Jahrzehnt aus der großen Geschichte verabschiedet hatte und von 1919 bis 1933 als wichtigstes Land der föderativen Weimarer Republik nur mehr nominell existierte. Ich überlegte, warum Preußen bei ihm trotzdem diese Rolle spielte; nur allmählich durchschaute ich, was ihm in Wahrheit nicht behagte, was ihn zutiefst störte.

Zwar hatten die Hohenzollern einige Jahrhunderte hindurch die mitteleuropäische Geschichte entscheidend mitgestaltet, Preußens Gloria indes imponierte meinem Vater gar nicht; im Gegenteil, Machtpolitik war ihm in höchstem Maße verdächtig. Also nahm ich zunächst an, seine unverhohlene Abneigung stamme aus der Zeit, in der er, der Kleinbauernsohn aus Pleiserhohn bei Oberpleis, nach acht Jahren Volksschule und einer erfolgreich abgeschlossenen Verwaltungslehre, in Bonn seiner militärischen Dienstpflicht Genüge tat. In der Ermekeil-Kaserne hatte er preußischen Drill am eigenen Leibe kennengelernt; die Erfahrungen reichten aus, ihm Preußen vollends zu verleiden. Was sich bei der Ausbildung abspielte, grenzte an Schinderei; die Erniedrigungen, die ausgefallensten Schikanen überstiegen jegliches Maß. Wenn er Erlebnisse aus der Rekrutenzeit zum besten gab, hätte man über die Ungereimtheiten lachen können, wären sie nicht so demütigend gewesen.

Allein, je älter ich wurde, je sorgfältiger ich auf Zwischentöne zu horchen lernte, desto klarer wurde mir, daß es nicht in erster Linie der Drill an sich war, der dem nachdenklichen, verletzlichen Verwaltungsgehilfen wider den Strich ging. Noch der brutalste äußere Zwang kann dem innersten Kern des Menschen nichts anhaben. Viel nachhaltiger belastete den von der Unantastbarkeit der Menschenwürde zutiefst Überzeugten die Erkenntnis, daß der Drill für die Preußen nur ein Mittel zum Zweck war. Ihnen reichte bloßer Kadavergehorsam nicht, sie wollten völlige Vereinnahmung; ihr Ziel war widerstandslose, unreflektierte Unterwürfigkeit mit Haut und Haar. Sie erstrebten eine gefügige Masse, die auf Kommando marschierte. Auf diese Weise brauchten sie nicht einmal davor zurückzuschrecken, zur Durchsetzung von Machtgelüsten einen Weltbrand zu riskieren. Angesichts derartiger Analysen machte ich mir meines Vaters Vorbehalte immer mehr zu eigen. Heute weiß ich, daß sein Urteil zu einseitig war.

Hätte es einer Bestätigung dieser Thesen bedurft, das Jahr 1914 lieferte sie. Entsprechend vorbereitet, zogen die Deutschen ins Feld. Ihre Begeisterung war echt. Überzeugt sangen sie „Siegreich wolln wir Frankreich schlagen" und malten marktschreierische Parolen an Eisenbahnwaggons.

Je überschwenglicher der Taumel wurde, in um so hefti-

gere Gewissenskonflikte geriet mein Vater. Der Sechs-
undzwanzigjährige stand am Scheideweg. Durfte er
schweigen, sich einreihen und gute Miene zum bösen
Spiel machen? War es andererseits zu verantworten, sich
anderen gegenüber Vorteile zu ergattern, weil man Krieg
grundsätzlich und von vornherein ablehnt? Ist Pazifis-
mus ein Wert an sich?

Ich bin in dieser Frage zurückhaltend, vor allem im Ge-
denken an das Dritte Reich. Von März 1938 an über-
raschte Adolf Hitler die Welt jedes halbe Jahr mit einem
neuen Überfall und mit einer neuen Landnahme. Dikta-
toren kann man das Handwerk nur legen, indem man
mit gleicher Münze vergilt.

Solche Überlegungen stellte mein Vater 1914 nicht an. Er
verharrte auf seinem Standpunkt. Er haßte jeden Kom-
promiß. Er schoß sich in den linken Fuß und schaffte es
so, die vier Kriegsjahre auf einer Schreibstube im belgi-
schen Hennegau zu überleben, als rechte Hand des Zivil-
gouverneurs von Haniel.

Der von ihm vorausgesagte Zusammenbruch lag ein gutes Dutzend Jahre zurück, als er sich anschickte, mich in
seine Gedankengänge einzuweihen. Er hatte sich noch
vor dem Krieg in unsere Stadt versetzen lassen und leitete jetzt das kommunale Steueramt im Rathaus. Deutschland war inzwischen Republik und wurde von den Parteien der Weimarer Koalition regiert. Das entsprach seinen Vorstellungen, und er hätte eigentlich zufrieden sein
müssen.

Er war es nicht. Immer noch voller Ressentiments in bezug auf preußische Begehrlichkeiten, hatten sich die Sor-
gen seit 1925 ständig vermehrt. Ich erinnere mich genau.
Wir befanden uns wieder einmal auf dem Weg nach
Holzheim. Nach dem traditionellen Ave in Nothberg waren wir die Anhöhe hinter dem Ort hochgestiegen und
nach links zum Bovenberger Wald abgebogen. Wir hatten ihn durchquert und blieben am Waldrand stehen.

Vor uns im Grund, wenige hundert Meter tiefer, lag das quadratisch angelegte Gut. Es war ein angenehmer Frühlingstag des Jahres 1931, die Sonne glänzte an einem leichtbewölkten Himmel, ein Windhauch fuhr durch das aufknospende Grün. Wir schwiegen lange und schauten nachdenklich ins Land.

„Ich bin wirklich beunruhigt", nahm er das vor einiger Zeit unterbrochene Gespräch wieder auf. „Die Nationalsozialisten gewinnen von Wahl zu Wahl kräftig hinzu." Am 14. September des Vorjahres zum Beispiel hatten sie ihre Mandate im Reichstag von 14 auf 107 erhöht.

„1919 sah es gar nicht danach aus."

„Nein", bestätigte er. „Am 19. Januar verfügten die drei demokratischen Parteien über 329 der insgesamt 421 Sitze, und der Sozialdemokrat Friedrich Ebert war Reichspräsident. Solange er lebte, wußte ich nichts zu beanstanden, wiewohl dicke Brocken aus dem Weg zu räumen waren; ich habe dir vom Kapp-Putsch und von der Inflation erzählt. Aber als Ebert 1925 starb, wurde mir zum ersten Male wieder flau im Magen."

„Weil nicht dein Kandidat, Wilhelm Marx, gewählt wurde, sondern ausgerechnet Generalfeldmarschall Paul von Hindenburg."

Er hatte mir oft erklärt, warum dieser Wahlausgang ihm an die Nieren gegangen war. Die systematische Hetze der Nazis, ihr Propagandafeldzug gegen die „November-Verbrecher", begann zu wirken; große Wählermassen wandten sich, auch enttäuscht von den Folgen des Versailler Vertrages, allmählich wieder den alten nationalistischen Wertvorstellungen zu. Dazu paßte der Schachzug der Konservativen, als Präsidentschaftskandidaten den mittlerweile 77jährigen Heerführer und Sieger von Tannenberg aufzustellen. Dieser warf seinen Gegenspieler mühelos aus dem Rennen.

„Meine Angst lebte mit einem Schlage auf. Die Preußen waren wieder da. Gab es einen typischeren Vertreter der

alten Denkungsart als Hindenburg? Ich erblickte in ihm nicht nur ein Aushängeschild der preußischen Offiziersclique. Viel bedenklicher war, daß er die ‚Dolchstoßlüge‘ verfocht und verbreitete. Wie konnte sich ein derartiger Mann um das höchste demokratische Staatsamt bewerben, wie sollte er es gewissenhaft und ehrlichen Herzens wahrnehmen?“

Wieviele Male habe ich mich dieses Gespräches während eines Spazierganges im Frühling 1931 erinnert! Ich durchschaute immer deutlicher, daß mein Vater in keiner Weise übertrieb. Der Widersinn erreichte einen ersten dramatischen Höhepunkt bereits ein Jahr danach. Nach Ablauf der ersten siebenjährigen Amtsperiode stellte sich Hindenburg 1932 erneut zur Wahl. Diesmal hieß der aussichtsreichste Gegenkandidat Adolf Hitler. Wollte man ihm den Erfolg streitig machen, blieb den Demokraten nichts übrig, als ebenfalls Hindenburg zu wählen; die Stimmen der Deutsch-Nationalen hätten nicht gereicht. Trotzdem behauptete sich der Feldmarschall erst in der Stichwahl. Selbst das brachte nur einen Aufschub. Im Januar danach berief derselbe Hindenburg seinen Widerpart Hitler zum Reichskanzler.

Welche Kehrtwendung! Manchmal versuche ich, mich in meines Vaters damalige Lage zu versetzen. Was ging in ihm, dem Antipreußen, vor, als er seine Stimme einem Kriegshelden, dem Verteidiger der „Dolchstoßlegende“, gab? Was er fünfundvierzig Jahre mit heißem Herzen vertreten hatte, mußte er plötzlich in den Wind schlagen.

Dennoch, auch er ahnte 1933 nicht, was den Deutschen und ihm persönlich während der folgenden zwölf Jahre bevorstand. Daß dem ungeliebten Preußen Auferstehung verordnet wurde, erbarmungslos und in perfide verbrämter Verzerrung und Aufgipfelung, daß es seinen Namen leihen mußte für die grauenhaftesten Verbrechen, die je unter deutscher Verantwortung geschahen, daß er selber von den neuen Machthabern gedemütigt, ja, bis an den Rand der psychischen und physischen Vernichtung getrieben wurde, wäre ihm nie in den Sinn gekommen.

Die Vergewaltigung Preußens begann am 21. März 1933, am sogenannten „Tag von Potsdam". Das monströse Schauspiel verwirrte Herzen und Hirne. Denn das Stück war höchst wirkungsvoll inszeniert. Überzeugender konnte man die Bühne nicht wählen. Der einfache Gefreite des ersten Weltkrieges verneigte sich in der Garnisonkirche, angesichts des Sarkophages Friedrichs II. von Hohenzollern, ehrfurchtsvoll vor dem Sieger von Tannenberg. Die Herzen der Patrioten schlugen höher.

Dabei war die Kulisse nicht einmal das Schlimmste. Das eigentlich Verwerfliche war der Zynismus der Veranstalter, die die Welt bewußt hinters Licht führten. Hitler mißbrauchte Preußen für seine Machenschaften, für seine Schandtaten und seinen Terror, für Unterdrückungen und Mordanschläge, am Ende für den grausamsten und niederträchtigsten Krieg der Weltgeschichte mit über sechzig Millionen Opfern; er machte Preußen zum Teilhaber und Mitschuldigen; er erklärte, mit diesem Tag gingen Preußen und Nationalsozialismus eine historische, schicksalhafte und unauflösliche Verbindung ein.

Da der begabte Volkstribun Halbwahrheiten, Verfälschungen, Lobhudeleien sowie Versprechungen auf das hinterhältigste mischte, waren die wirklichen Zielsetzungen nicht eindeutig herauszuhören. Der altersschwache Reichspräsident durchschaute den Intriganten am allerwenigsten. Hitler demaskierte sich erst allmählich. Heute weiß man, daß 1933 ein Psychopath mit der Geschichte Schindluder trieb und Preußen in eine Nachbarschaft zwang, die ihm 1945 den Todesstoß versetzte.

Leider blieb mein Vater in dieser Frage voreingenommen und machte sich Hitlers These zu eigen, wenngleich aus anderen Gründen als die meisten sonst. Die neue Legende gefiel ihm. Seit Kindstagen gegen alles Preußische allergisch, hielt er den Diktator für den Erben und konsequenten Vollender preußischer Herrschaftsgelüste. Weder fähig noch willens zu differenzieren, übernahm er die Potsdamer Erklärung und war nicht davon abzubringen, Preußen für die nationalsozialistischen Verbrechen mit verantwortlich zu machen.

Manche Zeitgenossen redeten sich damit heraus, die Abgründigkeit des deutschen Faschismus sei bis 1933 nicht voraussehbar gewesen. Sie hatten sich nicht mit Hitlers Buch „Mein Kampf" auseinandergesetzt. Mein Vater jedenfalls hat seit mindestens 1930 unermüdlich gewarnt. Am 30. Januar, dem Tag der Machtübernahme, verkündete er der versammelten Familie bei Tisch: Hitler, das bedeutet Krieg; Krieg ist das Ende Deutschlands. Das war keine Wichtigtuerei eines Möchtegerns. In der ersten Zeit machte er aus seinem Herzen keine Mördergrube und verriet freimütig, was er über die neuen Herren dachte. Allerdings riskierte er damit ein paarmal Kopf und Kragen. Besserwisser ziehen ihn der Miesmacherei, Umgefallene widersprachen aus Gründen der Opportunität. Schnell wurde er mit seinen Äußerungen vorsichtiger.

Zuhauf bewarb man sich um Aufnahme in die Partei. Stolz heftete man sich das Abzeichen mit dem Hakenkreuz ans Revers. Wer nicht kam, blieb bis etwa Herbst unbehelligt. Auch meinen Vater ließ man zunächst ungeschoren und nahm nicht einmal Anstoß daran, daß ich, der älteste Sohn, Führer der neudeutschen Gruppe an unserer Schule wurde.

Die erstaunliche Zurückhaltung der Nazis endete abrupt, etwa ab Herbst schlugen sie eine schärfere Gangart an. Zuerst setzten sie den Staatsbediensteten Daumenschrauben an. Von Mitte Oktober an erschien in immer kürzeren Zeitabständen der Ortsgruppenleiter in meines Vaters Büro, dem städtischen Steueramt, ein spindeldürres, aufgeplustertes Schneiderlein, das es beruflich nie auf einen grünen Zweig gebracht hatte; 1927 der Partei beigetreten, genoß es jetzt als „alter Kämpfer" die Frucht seiner Weitsicht. Die Garde der neuen Amtsträger rekrutierte sich nahezu ausschließlich aus Zukurzgekommenen, Unzufriedenen, vom Schicksal Vernachlässigten oder sonstwie Betrogenen.

Von besonderer Pikanterie war, daß der Schneider, ein Vetter meiner Mutter, vor 1933 des öfteren mit meinem Vater aneinandergeraten war und regelmäßig den kürzeren gezogen hatte. Das hatte er großmütig verziehen, und er gab sich, von der Wichtigkeit seiner neuen Rolle offenkundig tief durchdrungen, wechselweise herrisch oder entgegenkommend, heute als Freund und Ratgeber, morgen als Warner und Mahner. In den ersten Monaten erzählte mein Vater jedesmal von ihren Begegnungen, und ich, als Neudeutscher seit kurzem selber mit dem Jungvolkführer ständig im Clinch, war stolz darauf, wie er den Parteibonzen abblitzen ließ. Ich hielt es allerdings auch für selbstverständlich und dachte nicht weiter darüber nach.

Ich war viel zu ichbezogen und auf mich fixiert, um zu merken, daß sich das änderte, nicht spontan, aber Schritt um Schritt. Vielleicht war ich auch einfach zu jung. Mein Vater verstummte mehr und mehr und fraß in sich hinein, was auf ihn einstürmte. Der Schneider, anfänglich verhältnismäßig moderat, steigerte seine Anstrengungen, als die Einlassungen nichts fruchteten. So fragte er beispielsweise eines Tages, ob mein Vater ernsthaft erwarte, daß man ihn im Staatsdienst belasse, wenn er sich weiterhin sträube, Parteigenosse zu werden; er begreife auch nicht, wie er es als Beamter dulden könne, daß ich, der Sohn, in einer konfessionellen Gruppe führend tätig sei, statt mich in der Staatsjugend zu engagieren; ob ich mir einbilde, mit dieser Einstellung nach dem Abitur die zum Studium unerläßliche Hochschulreife zu erlangen? (Während der Nazijahre berechtigte das Abitur an sich noch nicht zur Aufnahme eines Studiums; die „Hochschulreife" mußte gesondert beantragt werden und wurde sowohl nach den schulischen Leistungen wie aufgrund der „politischen Zuverlässigkeit" erteilt.) Mit solchen und ähnlichen Vorhaltungen erzeugte der Versucher bei seinem Opfer ärgste Gewissenskonflikte, denn das Angedrohte betraf in erster Linie nicht einmal so sehr den Vater, sondern zielte viel mehr auf seine vier heranwachsenden Kinder. Vielleicht hätte der Betroffene sich ohne Kinder entschlossener widersetzt, sich sogar aus dem Amt jagen lassen, um vor sich selber bestehen zu können. Allein darin liegt ja gerade das Verabscheuungswürdige totalitärer Unterjochungstaktik, sich die Anfälligkeit der Ausgelieferten zunutze zu machen, sie gnadenlos zu erpressen. Daß es sich bei den Einschüchterungen nicht um leere Drohungen handelte, bewiesen mannigfache Hinauswürfe in der Kollegenschaft. Um die Verunsicherung zu vervollständigen, verzichtete der Ortsgruppenleiter nicht darauf, zwischendurch Wohlwollen zu verheißen bei entsprechender Willfährigkeit. Er verstand sich vorzüglich auf die wirkungsvolle Dosierung von Zuckerbrot und Peitsche, damit seinem „Führer" nicht unähnlich, der, wie er, die kleine, zunehmend die große Welt in Aufregungen stieß.

Ich jedoch, ausgestattet mit dem Anspruch der Jugend auf das Unbedingte, ohne die geringste Neigung, mich zu arrangieren, im Gegenteil erpicht, mich von dem ringsum ausgebrochenen „Aufbruchsjubel" unmißverständlich abzuheben, nahm gar nicht zur Kenntnis, was meinen Vater umtrieb. Ich kam nicht auf die Idee, daß ein Familienoberhaupt, von den ständigen und sich verschärfenden Einflüsterungen zermürbt, dem Ansturm auf die Dauer nicht gewachsen sein könnte.

Als ich, zu spät, begriff, daß er nachgegeben hatte, habe ich mich, statt seine Beweggründe zu berücksichtigen, statt ihm die Stange zu halten und mit ihm durch dick und dünn zu gehen, von ihm abgewandt. Empört über seinen vermeintlichen Gesinnungswandel habe ich ihn verachtet, ja, im entscheidenden Augenblick mich seiner geschämt. Ich war nicht mehr ich selber, als ich erlebte, wie er, der für mich ein Fels in der Brandung, ein Vorbild gewesen war, bar aller Würde zu Kreuze kroch. Er, der kein gutes Haar an den Machthabern gelassen hatte, erbat Aufnahme in ihre Partei.

Am Nachmittag war der Ortsgewaltige wieder einmal im Büro aufgetaucht; als er erkannte, daß der in die Enge Getriebene den Rest an Widerstandskraft eingebüßt hatte, zog er einen vorbereiteten Antrag aus der Tasche. Das Opfer unterschrieb. Seinen Erfolg auskostend, lud der Vetter meiner Mutter den neuen Parteigenossen zur „Feier des Tages" zum Abendessen und zu einem sich anschließenden Umtrunk ein. Gegen drei Uhr am Morgen beharrte er darauf, ihn nach Hause zu begleiten. Meine Mutter wurde aus dem Bett gescheucht, um Kaffee zu kochen. Viel mehr lag dem Sieger daran, mir, dem überheblichen, uneinsichtigen Gymnasiasten vorzuführen, wer am längeren Hebel saß.

Ich war entsetzt. Hilflos, ohne Kraft, mit erloschenen Augen hing mein armer Vater, völlig betrunken, auf seinem Stuhl, ein Anblick zum Erbarmen. Angewidert drehte ich mich um, Kindesliebe und Sensibilität mißachtend. Zwar habe ich dem Verwandten gesagt, wie ich seine psychologische Meisterleistung einschätzte. Aber als ich, ins Bett zurückgekehrt, in die Kissen heulte, kam ich mir verraten vor.

Damit befaßt, ein „Plädoyer für meinen Vater" zu schreiben, wird mir bei der Auffrischung der Vorgänge in jener schlimmen Zeit schmerzhafter bewußt als je zuvor, welcher Prozeß in meinem Vater vor sich gegangen sein muß. Er war beileibe kein Einzelfall. Es ist heute viel zu wenig haftengeblieben von der Hinterhältigkeit, mit der die Nazis die Menschen zu gewinnen trachteten. Man betrieb Seelenwäsche mit dem Ziel, das eigene Denken auszuschalten und faschistisches Gedankengut einzupflanzen.

Wer sich nicht beugte, wurde gezwungen oder ausgemerzt. Wieviele hat man auf diese Weise zugrunde gerichtet, wieviele in den Freitod gehetzt! Wieviele waren Gewissensterror und Verdemütigungen ausgesetzt! Was ist eine Weltanschauung wert, die sich ihren Bestand mit so menschenverachtenden, schäbigen Mitteln sichern muß?

Damals zu jung und unerfahren, um die Hintergründe ausleuchten und gerecht urteilen zu können, möchte ich heute eine Lanze für meinen Vater brechen. Gewiß, er gehörte zu denjenigen, die nachgaben und den Weg des geringsten Widerstandes wählten in der Hoffnung, Schlimmeres zu verhüten. Nach dem Krieg hießen sie „Mitläufer". Wurde man auf diese Weise der Absonderlichkeit ihrer damaligen Lebensumstände gerecht? Nahm man gebührlich Rücksicht auf die Zerreißproben, denen sie unterworfen wurden, bevor sie nach Meinung ihrer späteren Ankläger und Richter Schuld auf sich luden? Immerhin leistete mein Vater Monate hindurch hinhaltenden Widerstand, mit dem Ortsgruppenleiter und mit sich selbst ringend und einen verantwortbaren Weg auskundschaftend. Als die Entscheidung gefällt war, blieben die Zweifel, quälerische, sich mehrende Selbstvorwürfe peinigten ihn. Dabei spielte nicht einmal die Kapitulation selber die Hauptrolle. Nach meinem Dafürhalten haben die nie verstummenden Gewissensbisse, der unverdaute Schuldkomplex gewichtigere Anteile an seinem danach einsetzenden, allmählichen Verfall, wenngleich feststand, daß er bei dauerhafter Weigerung Repressalien ausgesetzt worden wäre. Ich denke, das Selbstwertgefühl des stolzen Mannes, der wegen seiner Charakterfestigkeit ein Vorbild gewesen war und sich selber so sah, war im Kern so getroffen, daß er sich nie völlig erholte.

Andererseits überlege ich, ob meine Reaktion gar so unverständlich und unentschuldbar war. Manchmal kommt mir die Elendsgestalt jener Nacht in den Sinn, und ich schäme mich. Mußte ich meine Verachtung so übertrieben bekunden? Es war mein Vater, der dort saß und Zuwendung erhoffte! Außerdem war ich durch mein hartnäckiges Festhalten an Neudeutschland nicht ganz unschuldig an der Zuspitzung seiner Lage. Es gibt falsch verstandenen Bekennermut!

Aber reicht meine Enttäuschung als Entschuldigung nicht aus? Ausgerechnet mein Vater machte in meinen Augen gemeinsame Sache mit denen, die er bisher aufs schärfste abgelehnt hatte! Der Mann, dem ich Wortbruch zu allerletzt zugetraut hatte, wurde zum Verräter! Konnte ich, der Siebzehnjährige, dem beigebracht worden war, man dürfe ein einmal gegebenes Wort um keinen Preis brechen, ihm folgen? Sollte ich morgens um drei anbeten, was ich bis dahin gehaßt hatte? Ich hätte mich vor mir selber geschämt.

Ist es hinwiederum nicht entlarvend, wenn ein System es darauf anlegt, Väter gegen Söhne und Söhne gegen Väter aufzuhetzen, statt zur Eintracht anzuregen?

Allerdings muß ich anmerken, daß meine Aufmüpfigkeit durch den morgendlichen Schock zwar spontan losgetreten, jedoch nicht ausschließlich durch ihn verursacht und aufrechterhalten wurde. Es fügte sich, daß sich der Vorfall abspielte zu einer Zeit, in der ich über kurz oder lang sowieso begonnen hätte, mich der väterlichen Dominanz zu erwehren. Alle Heranwachsenden wenden sich irgendwann von ihren Altvordern ab und opponieren; manche verwerfen etwas nicht, weil sie es aus Prinzip ablehnen, sondern nur, weil die Älteren es verteidigen. Freilich vollzieht die Ablösung sich im allgemeinen allmählich. Bei mir passierte es wegen der Ungewöhnlichkeit des Falles von einem Augenblick zum anderen. Es war wie der Abschied von meiner Jugend. Nichts wurde wieder so, wie es einmal gewesen war. Ich bin mit meinem Vater nie wieder richtig warm geworden, obgleich ich noch mehr als ein Jahr bei den Eltern wohnte. Erst als ich alt geworden und mein Vater lange tot war, ermaß ich, wie er darunter gelitten haben muß. Er hat sich, wie wahrscheinlich sehr viele Väter, zweifelsohne oft gewünscht, wir beide möchten zur ursprünglichen Vertrautheit zurückfinden. Sein Wunsch blieb unerfüllt. Ich kann ihn nur posthum um Verzeihung bitten. Warum dachte ich auch nur an mich und sah alles einzig von meiner Warte aus? Ich hätte damals schon das Exerzitienbüchlein des heiligen Ignatius von Loyola kennen sollen und seine vorzügliche Anleitung zur „Unterscheidung der Geister"!

Während der elf Jahre, die mein Vater das Dritte Reich noch überlebte, hat sich am Verhältnis zwischen uns nichts Entscheidendes verändert. Es war gewiß nicht vordergründig das Erlebnis von 1934, das der Wiederherstellung unserer früheren Beziehung im Wege stand. Zwei Generationen hatten sich auseinandergelebt, die Auffassungen waren zu unterschiedlich; es führte keine Brücke hinüber und herüber. Dennoch bin ich überzeugt, wir wären besser miteinander ausgekommen, hätte es jene bittere Nachtstunde nicht gegeben.

Bereits die erste Begegnung nach dem Krieg spülte die schlimmen Erinnerungen grausam an die Oberfläche. Es war ein kühler Maitag, als ich 1945 mit Helga in meine Vaterstadt zurückkehrte. Ich hatte meiner Frau die Ereignisse jener Zeit viele Male geschildert. Schon beim Betreten der Vororte erwachte mein Zorn. Ich schimpfte über alle, die an den Zerstörungen Schuld trugen. Dabei unterschied ich leider nicht zwischen den Drahtziehern und denen, die durch ihre Laschheit und durch ihre Unterwerfung die Verbrechen erleichtert hatten. Meinen Vater rechnete ich irgendwie dazu.

Das Herzklopfen, als ich über die Brücke schritt. Hier

hatten wir uns als Kinder versteckt und waren durch die Rohre gekrochen. Der leichte Hauch von Frühling, der über die Inde wehte. Etwas modriger Geruch vom Bach herauf. Das Wasser plätscherte noch wie damals, als ich hier jung war. Welches Gefühl, unter solchen Umständen nach Hause zu kommen!

Die Straße wendet sich wie der Bach ein bißchen nach links. Kurz vor der Krümmung stand mein Elternhaus, Vater und Mutter hatten den Neubau 1914 bezogen. Das Mauerwerk der bisher passierten Häuser war zwar einigermaßen erhalten, schwere Schäden von Einschlägen und Plünderungen aber unübersehbar. Noch war keiner der Bürger daheim.

Ich verlangsamte meinen Schritt. Die Sorge erwies sich als unbegründet. Unser Haus stand ebenfalls noch; nur dort, wo der Eingang gewesen war, klaffte ein riesiges Loch, fast bis zum ersten Stock hinaufreichend. Ein Berg von herausgeschossenen Ziegelsteinen, Mörtel und Metallfetzen im Vorgarten. Inmitten der Trümmer mein Vater. Unbewegt. Starren Blicks. Als hätte er geahnt, daß ich zu dieser Stunde aufkreuzte. Die Mutter weilte noch in Pleiserhohn, wohin die beiden geflohen waren. Ihn hatte es dort nicht gehalten.

Ich fühlte mich elend. Hin- und hergerissen. Ich hätte auf ihn zugehen und ihm die Hand reichen müssen. Ich hätte das Vergangene vergessen sollen. Ich konnte es nicht.

Hatte auch ihn das Trauma plötzlich eingeholt? Wurde durch mein Auftauchen Schuldgefühl in ihm wieder aufgewühlt? Psychologen sprechen von Assoziationen, durch die Unterdrücktes aus dem Unterbewußtsein nach oben gehoben wird, sobald sich frühere personelle Konstellationen ergeben. Ich grüßte durch ein kaum wahrnehmbares Kopfnicken. Nichts als Verlegenheit. Der gesamte Rest blieb Verlegenheit.

Heute weiß ich, ich habe mich falsch verhalten. Ich hätte

über den eigenen Schatten springen müssen. Wer war ich denn, daß ich mir anmaßte, mich pharisäerhaft über jemanden zu erheben, der in einer schwachen Stunde versagt hatte? War ich sicher, in einer vergleichbaren Lage zu bestehen? Die Nazis waren nicht die ersten, die vorführten, wie man Macht mißbrauchen kann. Jahrtausende hindurch sind die Kleinen, Geduckten, Wehrlosen im Mahlwerk der Geschichte zerrieben worden. Wehe denen von ihnen, die sich einbildeten, man könne sich arrangieren! Sie wurden um so erbarmungsloser untergepflügt. Allein, kann ein Neunundzwanzigjähriger das zusammenreimen?

Selbstredend weiß ich andererseits nicht, ob Entgegenkommen meinerseits Wesentliches erleichtert hätte. Es war niemals einfach, mit meinem Vater auszukommen; nach 1945 wurde es von Jahr zu Jahr schwieriger. Oft genug klinkte er sich aus allem aus. Wo er sich indes einmischte, trumpfte er noch unversöhnlicher auf als früher, seine Selbstherrlichkeit wirkte noch endgültiger. Entweder ließ man seinen Ergüssen ungehemmt Raum, oder man riskierte derbe, nicht selten beleidigende Abfuhren.

Unerträgliche Kompetenz beanspruchte er beispielsweise auf religiösem Gebiet. Der liebe Gott wußte zwar alles, er wußte es besser. Wenn ihm kirchlichen Autoritäten gegenüber Unterwürfigkeit bescheinigt wurde, traf das immer noch zu, denn in Grundsatzfragen gestattete er sich nach wie vor nicht die geringfügigste Abweichung. In alltäglichen Vorkommnissen jedoch wunderte man sich oft über höchst eigenwillige und für den persönlichen Bedarf zugeschnittene Auslegungen.

Ich erinnere mich eines bezeichnenden Beispiels. Es war Sonntag, und die Glocken riefen zum Gottesdienst. Für diesen Tag ist den Katholiken der Besuch einer heiligen Messe durch ein Kirchengebot vorgeschrieben. Zu dieser Zeit war das an Sankt Peter und Paul noch sechsmal möglich, hier residierten neben dem Oberpfarrer drei Kapläne; keiner der vier litt an Beschäftigungsmangel. Nun vergnügte sich mein Vater schon seit längerem mit der Aufzucht mehrerer Schafe. Dem Bauernsohn war Tierliebe in die Wiege gelegt, der alternde Mann blühte sichtlich auf in der Fürsorge für seine Lieblinge. Er behandelte sie wie Kinder und unterhielt sich mit ihnen wie mit denkenden Wesen.

Niemand hatte etwas dagegen einzuwenden. Man schmunzelte großzügig, wenn er behauptete, es lohne sich auch finanziell, die Tiere zu halten; bildete er sich doch ein, mit Milch und Wolle zur Aufbesserung der in den ersten Kriegsjahren noch unzureichenden Wirtschaftslage beizutragen. Obschon seine bemerkenswerte, um nicht zu sagen verquere Umständlichkeit mögliche Vorteile weitgehend verhinderte, ließ man ihm auch diese Illusion. Überhaupt nahmen alle Betroffenen sämtliche Unannehmlichkeiten in Kauf, weil es niemand übers Herz brachte, ihm dieses letzte kleine Glück, das ihm verblieben war und an dem seine Seele hing, zu schmälern.

Trotzdem kam es an besagtem Sonntag zu einem Zwischenfall. Wie üblich bereitete er in der Küche die Morgenmahlzeit seiner Schützlinge, sich unbekümmert ausbreitend und die verfügbaren Haushaltsgeräte einbeziehend. Aus irgendeinem Grund kam er nicht so recht voran. Die Zeit verrann. Jetzt mahnten die Glocken zur letzten heiligen Messe. Meine Mutter schaute sich unschlüssig um. Er ließ sich nicht erschüttern. Die Gelassenheit in Person.

Es war schon ein mächtig beeindruckendes Bild. Der mittelgroße, nach dem Sturz des Diktators mit der Welt scheinbar versöhnte, selbstgerechte Mann seelenruhig vor der Spüle, fröhlich in dem unbeschreibbare Gerüche ausströmenden Futterkessel rührend. Als hätte die Szene einer Abrundung bedurft, sang er lautstark, sich viele

Male wiederholend, sein Leib- und Magenlied „Großer Gott, wir loben dich".

Ich wundere mich noch heute, weil meine Mutter plötzlich Mut schöpfte. Meine gute, unselbständige, fügsame Mutter. Sie, die jedes Aufbegehren in sich erwürgt hatte, um Peinlichkeiten vorzubeugen. Möglicherweise trieb sie die Angst vor einer spitzen Bemerkung, sofern das Mittagessen nicht pünktlich aufgetischt wurde. Jedenfalls wagte sie, bescheiden und ohne Schärfe, den Hinweis, er müsse sich sputen, wolle er den sonntäglichen Gottesdienst nicht versäumen.

Und er? Er zeigte sich weder ungehalten noch laut. Ich habe übrigens nie erlebt, daß er laut wurde. Kühle Besonnenheit war seine stärkste Waffe. Er blickte die Fragerin aus seinen immer noch strahlenden, blauen Augen nur mitleidig an. Ob ihr nicht klar sei, fragte er dabei, was der liebe Gott für wichtiger halte, Pflichterfüllung oder Kirchgang. Im Gegensatz zu ihr stufe dieser die Dinge angemessen ein.

Der liebe Gott und er. Er besaß, wie man so sagt, einen direkten Draht zu ihm. Auch mich stießen seine Ansichten lange ab, sie schienen mir gar zu eigenwillig. Mir wollte nicht in den Kopf, wie jemand sich so sicher wähnen konnte. Je länger ich ihn beobachtete, um so deutlicher wurde mir, daß er nicht daherredete. Er glaubte, was er sagte. Er fühlte sich aufgehoben in Gott, ohne Arg und voller Vertrauen. Irgendwie beneidete ich ihn um sein schlichtes Gemüt, um das Du-zu-Du-Verhältnis zu Gott, um die Gewißheit, mit der er im Jenseitigen verankert war, ohne das geringste Bedenken, herausfallen zu können.

Wem solcherart Glaubenszuversicht unzugänglich ist, versteht das Wesen meines Vaters nicht. Wahrscheinlich sterben Veranlagungen dieser Art aus, möglicherweise waren sie zu allen Zeiten selten. Das ändert nichts an der Sache. Zugegeben, er war altmodisch und primitiv. Er hat sich nie auf religiöse Streitereien eingelassen, er hat die Existenz Gottes nie in Frage gestellt, schon gar nicht ließ er sich in theologische Spitzfindigkeiten verwickeln. Allein, wer von den Professoren auf unseren Lehrstühlen, wer von denen, denen unentwegt neue Aussagen über Gott einfallen, erfreut sich auch nur annähernd der Sicherheit, der Befriedigung, des tiefen Glücks wie er? Er ließ sich tragen und trösten bis in seine letzte klare Stunde.

Natürlich war er ein Patriarch, ein Patriarch mit sämtlichen dazugehörigen Nachteilen; auch Patriarchate sind im Zeitalter der Selbstverwirklichung aus der Mode geraten. Meine Frau Helga, die aus einem liberaleren Hause stammte, war überzeugt, auch er könne sich einer logischen Argumentation nicht verschließen. Nachdem sie meine Eltern ein gutes halbes Jahr beobachtet hatte, wollte sie ihm die Einsicht vermitteln, daß er sich seiner Frau gegenüber nicht richtig verhielte. Er hörte sie auch stumm und ohne Widerrede an. Nach mehr als vier Stunden glaubte sie, er habe ihrer Beweisführung Geschmack abgewonnen. Statt dessen erklärte er, als sie zu Ende gekommen war, er erkenne ihren guten Willen zwar an, aber sie sehe die Zusammenhänge falsch, er wisse besser, wie man eine Frau behandele. Trotz des Mißerfolges hat das Gespräch Helga nachhaltig beeindruckt, auch wenn ihr weitere Vorstöße überflüssig erschienen.

Was folgt daraus? Nicht nur Helga kam gegen ihn nicht an, er hat viele durch seine Unnachgiebigkeit und Besserwisserei vor den Kopf gestoßen. Darf man ihn deswegen schelten? Niemand kann aus seiner Haut. Er war ein Kind seiner Zeit. Man mußte ihn nehmen, wie er war. Mochte er ein Sonderling und ein Eigenbrötler sein, er war eine Persönlichkeit. Jemand, der nicht schwankte.

Solange wir jung waren und von ihm abhängig, haben wir, auch weil uns keine Wahl blieb, seine Bevormundungen hingenommen, ohne darüber nachzudenken. Als wir selbständig wurden und keine Lust mehr verspürten, uns gängeln zu lassen, haben wir ihn kurzerhand in die Ecke gestellt. Als ich, wenige Monate vor seinem Tode, den Eindruck gewann, daß er mit mir zu sprechen wünsche, widerstrebte es mir, dem auf eine unverwechselbare Art Altgewordenen reinen Wein einzuschenken, einfach, weil er mir leid tat. Für mich steht fest, daß sein unverkennbarer Verfall nicht nur ein natürlicher Alterungsprozeß war. Ich denke, sein erbarmungswürdiger Zustand war wesentlich bedingt durch die Erfahrungen, die er im Dritten Reich hatte sammeln müssen, und durch den nervlichen Zusammenbruch, den er 1936 erlitt. Über ein Jahr befand er sich in psychiatrischer Behandlung, einige Zeit in einer Nervenheilanstalt. Wiewohl er inzwischen als geheilt galt und nervenärztliche Betreuung sich erübrigte, bleibe ich davon überzeugt, daß vor allem die Erlebnisse mit den braunen Machthabern sein Leben entscheidend veränderten.

Ich weiß nicht, wie vielen Söhnen in meinem Alter daran liegt, im Leben ihrer längst verstorbenen Väter herumzukramen. Was bringt es, Verschollenes, Hinabgesunkenes aus der Versenkung herauszuheben, was bewirken Ausgrabungen? Vermutlich ziehen die meisten es vor, den verdienten Frieden der Toten nicht zu stören.

Ich fühle mich erleichtert, über meinen Vater nachgedacht zu haben. Nicht bloß, weil ich diesen mir unvergeßlichen, seltsam zwiespältigen Mann selber ein bißchen besser verstehe. Nicht bloß, weil ich mit ihm den Repräsentanten einer zu Ende gegangenen Epoche vorführen durfte. Ich empfinde Genugtuung insbesondere deswegen, weil ich ihm auf diese Weise, wenngleich verspätet und für ihn nicht mehr wahrnehmbar, zumindest in meiner Erinnerung, ein Stückchen Wiedergutmachung zuteil werden lassen kann.

JESUIT MIT FRANZ BIESENBACH

Franz Biesenbach ist tot. Seit ich vom Provinzialat in Köln die Todesnachricht erhielt, jagen sich in mir die Gedanken. Mit Pater Biesenbach ist nicht bloß ein großartiger Mensch dahingegangen, sondern nach meinem Dafürhalten einer der unerkannten Heiligen, wie es sie auch in unserer Zeit noch gibt; ich habe überdies einen Freund verloren. Wiewohl ich der „Gesellschaft Jesu" nicht einmal sieben Jahre angehörte, haben Franz und ich Entscheidendes gemeinsam erlebt, sowohl in Hinblick auf die persönliche Lebensgestaltung wie in bezug auf weltpolitische Ereignisse. Solche Erfahrungen überdauern ein Leben. Als ich den Orden im Februar 1942 verließ, begleitete Franz mich bis an die Pforte des Jesuitenkollegs Sankt Georgen in Frankfurt; er war keiner Trostworte mächtig, aber sein Händedruck verriet, wie ihn die Trennung bewegte. Für mich unterlag es schon damals keinem Zweifel, daß ich mich von jemandem verabschiedete, der auf dem Weg zur Vervollkommnung erkleckliche Stufen bereits erklommen und, im Gegensatz zu mir, die dafür unverzichtbare Selbstverleugnung und Verdemütigung nicht gescheut hatte. Deswegen wollte ich die Verbindung zu ihm nicht abreißen lassen und habe ihn an seinen verschiedenen Arbeitsstätten in Essen und Köln mehrfach aufgesucht, von Mal zu Mal nachhaltiger beeindruckt von der Bescheidenheit wie von der Wirkung seiner priesterlichen Hingabe. Wenige Monate vor seinem Tod am 4. März 1985 stand er eines Tages unerwartet und unangemeldet vor meiner Tür, wie ein Junge grinsend, weil ich ihn zunächst nicht erkannte; so war er, nach außen hin ein fröhlicher Mensch, den es bis zuletzt freute, Freunde ein bißchen hinters Licht führen zu können. Ich war glücklich, ihn wiederzusehen. Zwar kam er mir bei dieser letzten Begegnung schon hinfällig und zeitweise sogar verwirrt vor; so warf er die Namen seiner Konabiturienten vom Kaiser-Wilhelm-Gymnasium in Köln und die seiner Mitnovizen aus dem Bonifatiushuis im niederländischen 's Heerenberg durcheinander. Allein das Charisma, das ihn auszeichnete, war ungebrochen und unverkennbar.

Nun ist er tot. Nun wird man über kurz oder lang auch ihn vergessen. Ich möchte jedoch, daß ein paar Nachgeborene von ihm erfahren und sein Andenken bewahren. Einmal, weil ich für gut halte zu wissen, was Heiligkeit wirklich ist und wie jemand zur Heiligkeit gelangt; denn niemandem wird sie in die Wiege gelegt. Pater Grammatikus aus Gertrud von le Forts Roman „Der Papst aus dem Ghetto" sagt zu seinen Mitbrüdern im Kloster von Sankt Alexius: Auch bei uns wird kein einziger mit der Liebe zum Kreuz geboren.

Zum zweiten möchte ich den Blick schärfen. Auch heute gibt es Heilige wie den verstorbenen Pater Biesenbach. Man muß, um sie zu erkennen, allerdings das Herz offenhalten.

Ich sah Franz Biesenbach am 26. April 1935 zum ersten Mal. Es war alles andere als ein leichter Entschluß für sechsundzwanzig junge Männer, ausnahmslos Abiturienten, sich um Aufnahme in den Jesuitenorden zu bewerben und in 's Heerenberg nahe dem niederrheinischen Emmerich, wenige Meter jenseits der Grenze, das Noviziat zu beginnen. Vor etwas mehr als zwei Jahren hatten die Nationalsozialisten die Macht übernommen, mit dieser Berufswahl bezogen die angehenden Ordensmänner auch politisch eindeutig Stellung. Dennoch, Hand aufs Herz, was wußten wir sechsundzwanzig wirklich von dem, was wir uns eingehandelt hatten? Nicht von ungefähr hatten wir uns ausgerechnet diesem kämpferischen Orden verschrieben. Vor den Machthabern im Reich zu kuschen schmeckte uns nicht; daß in den Regeln der „Gesellschaft Jesu" von „Kadavergehorsam" die Rede war, ahnte niemand von uns.

Es war keineswegs eine besonders in sich gekehrte Gruppe, die sich an jenem Vormittag im Refektorium zusammenfand. Wortführer waren offenkundig vier Trierer und fünf Kölner, aus den Kölnern wiederum ragte Franz Biesenbach heraus. Ich habe bis heute nicht vergessen, wie er mich beeindruckte, der fast geschwätzige, munter sprudelnde, stets zu Scherzen Aufgelegte nahm mich auf der Stelle für sich ein. (Daß sich hinter dieser Fröhlichkeit Unsicherheit verbarg, ahnte ich in den ersten Tagen nicht.) Ich weiß noch, wie er René Deltgen verehrte; der Schauspieler hatte ihn auf der Bühne als Franz Moor fasziniert. Sooft ich noch heute den Namen Deltgen höre, fällt mir Franz Biesenbach ein.

Wenn auch die meisten sich fremd waren und sich behutsam aneinander heranzutasten versuchten, für Franz schienen Voreingenommenheit und Befangenheit nicht zu existieren. Das offenbarte sich während der „Rekreationen", der zweimal täglich nach den beiden Hauptmahlzeiten stattfindenden Spaziergänge durch den hinter dem Haus gelegenen, weiträumigen Park, der einzigen Zeit, in der deutsch zu sprechen erlaubt war. (Sonst durf-

te nur das absolut Unvermeidbare und das ausschließlich in lateinischer Sprache gesagt werden; überdies hatten sich die Novizen mit „Carissime" und mit „Sie" anzureden.) Es war nicht vorgesehen, sich für diese Rekreationen die Partner selber und nach Belieben zu wählen. Um dem Zustandekommen von Cliquen entgegenzuwirken, wurden die wöchentlich wechselnden Gruppierungen „gesteckt", das heißt, auf Namenstafeln vorgegeben. Auf diese Weise war gewährleistet, daß es keine „Mauerblümchen" gab und daß man im Laufe der Zeit mit jedem zusammentraf.

Nun war es trotz der Großzügigkeit der Parkanlage unvermeidbar, daß sich die Dreiergruppen mehrfach begegneten. Die meisten passierten stumm. Franz kam kein einziges Mal vorbei, ohne sich bemerkbar zu machen, sei es durch ein winziges Kopfnicken, ein Augenzwinkern oder einen launigen Kommentar. Gewiß kaum mehr als ein oberflächlicher Kontakt. Irgendwie erreichte es einen doch. Man spürte, daß die Zuwendung nicht eine gewohnheitsmäßige, leere Geste war, sondern aus dem Herzen stammte und Mitmenschlichkeit verriet.

Ein Vorgang sorgte dafür, daß aus der bloßen Sympathie für den Mitnovizen mehr wurde. Zum gemeinsamen Gang ins Refektorium traten wir jeweils auf ein Glockenzeichen hin aus den Zimmern und bildeten Zweiergruppen, der Vorschrift gemäß schweigend und in uns gekehrt. An einem Mittag in der dritten oder vierten Woche vergaß ich mich in einer übermütigen Anwandlung und wandte mich mit einer zugegeben lockeren Anmerkung an den Novizen neben mir. Dessen Reaktion indes erschien mir trotz allem überzogen. Knapp mir zugewandt, legte er verweisend einen Finger auf den Mund und sagte leise: „Silentium, Carissime!" Zweifelsohne hatte er mit dem Tadel recht, dennoch weiß ich nicht, wie ich mit meiner blöden Ernüchterung ohne Franz zurechtgekommen wäre. Franz stand hinter uns und hatte die Szene beobachtet. Er begriff, was in mir vorging. Deswegen stupste er mich vorsichtig an, schüttelte den Kopf und lächelte mich vielsagend an. Ohne Kommentar. Überzeugend. Mir imponierte die neue Seite, die ich an ihm kennenlernte. Er war kein Paragraphenreiter. Der Mensch hatte für ihn Vorrang vor den Buchstaben des Gesetzes. Unsere Freundschaft war besiegelt.

Ich will nicht behaupten, daß die Schwierigkeiten, denen der Kölner sich bald gegenübersah, schon zu Beginn des Noviziates erkennbar waren, wenngleich unterbewußte und kurzfristig beiseite geschobene Anfechtungen nicht zu leugnen waren. Alles in allem erlebten wir unbeschwerte Wochen in jenem Sommer 1935. Einmal wöchentlich fielen die Unterweisungen aus, und man legte uns nahe, die nähere und weitere Umgebung zu erforschen. Unvergeßlich der Ausflug, auf dem der Weg uns, Franz, einen anderen Novizen und mich, in die Heide führte, drei Wegstunden nordöstlich. Wir rasteten in der Höhe von Doetinchem. Ringsum duftete Erika, von Insekten durchsummt, die Welt schien still und friedlich, nie nachher fühlten wir uns so jung und unbekümmert.

Ein zweites Mal zogen wir zu dritt nach Norden, in die offene, vor uns sich breitende Niederrhein-Landschaft; mit wehenden Haaren, behindert von den langen, bis zu den Knöcheln reichenden Kutten, kämpften wir mit einem unerwartet aufgekommenen Wind. Mittags hockten wir in einer Gaststätte bei Zevenaar und starrten auf den Rhein, der gemächlich unter uns dahintrieb. Franz beschäftigte der tief im Wasser liegende holländische Frachter, der nur äußerst mühsam vorankam. Mir klingt noch in den Ohren, was er plötzlich von sich gab. Auch niemandem von uns, meinte er, würde hochgehender Wellengang erspart, auch wir müßten mit Unwettern rechnen, nur wenn wir uns ausdauernd und unerschrokken ihnen entgegenstemmten, kämen wir am Ende ans

Ziel. Wie oft wurde ich in den nachfolgenden Jahren an diese visionäre Äußerung erinnert!

Es wird Zeit, auf die Umstände einzugehen, die das Leben Franz Biesenbachs im Orden erheblich belasteten. Er galt zwar zeitlebens als bemühter Priester, wurde jedoch schon früh gehandelt als ein „Bruder Unbedarft". Um zu verstehen, wieso er in diese Zwickmühle geriet, muß auf die weithin unbekannte Zweigleisigkeit der „Gesellschaft Jesu" verwiesen werden, in der sich hervorragende Begabungen geradezu häufen, in der aber die zahlenmäßig unauffälligen Zweitkläßler zwangsläufig den kürzeren ziehen. Menschlich gesprochen.

Es entzieht sich meiner Kenntnis, wann genau auch Franz merkte, daß er bei den Jesuiten überfordert war und in einer Runde erlauchter Geister bis zuletzt höchstens die zweite Geige spielen würde. Allein ich weiß aus Gesprächen mit ihm, daß er bereits im Noviziat nachdenklich wurde, wiewohl der ihm wohlgesonnene Novizenmeister es zeitweilig verstand, erste Bedenken auszuräumen.

Die Ängste kehrten zurück. Er wehrte sich. Wem paßt es schon, mir nichts, dir nichts ins zweite Glied abgeschoben zu werden? Die menschliche Natur wird sich von Tag zu Tag aufs neue gegen Zurücksetzungen sträuben. So versuchte Franz, der über eine reichliche Portion Mutterwitz verfügte, einige Zeit, mangelnde geistige Brillanz durch vordergründige „kölsche" Fröhlichkeit zu ersetzen. Er sah die Aussichtslosigkeit solchen Unterfangens allmählich ein.

Ich weiß nämlich aus den schon erwähnten Gesprächen ebenfalls, daß er noch im Bonifatiushaus eine Kehrtwendung machte und begann, über seinen Schatten zu springen. In den Stunden, in denen er nachts keinen Schlaf fand, dachte er nach. Wer sagte eigentlich, daß es in erster Linie auf ihn ankam? Wie fragte sein jesuitischer Mitbruder Aloisius von Gonzaga? Quid hoc ad aeternitatem? („Was nützt das für die Ewigkeit?") Im Grunde war nicht die Behauptung und Mehrung des eigenen Glanzes wichtig, sondern die größere Ehre Gottes, mochten die Konsequenzen daraus seinen persönlichen Erwartungen noch so zuwiderlaufen. Nicht er, Franz, stand im Mittelpunkt, sondern die Unterwerfung und Einbindung in den Willen Gottes.

Mir schienen solche Versteigungen damals abwegig und verschroben, jedenfalls hätte ich diese Demut nicht zuwegegebracht. Aber 's Heerenberg war bloß die erste Station! Keine Frage, die ernsthaften Prüfungen waren noch zu bestehen. Möglicherweise wären Pullach, Sankt Georgen und Büren nicht gelungen, hätte Franz nicht bereits im Noviziat begonnen, seine Lektion zu lernen. Und wie sah es in diesem Falle mit dem Streben zur Heiligkeit aus?

Im ersten Noviziatsjahr blieben wir von Einberufungen verschont, weil wir im Ausland wohnten. (Mein Wehrpaß trägt noch immer den Vermerk des deutschen Generalkonsulates in Amsterdam: Zurückgestellt auf fünf Jahre.) Das änderte sich, als der Orden sich 1936 gezwungen sah, das Bonifatiushaus zu veräußern; es hieß, aus devisenrechtlichen Gründen. Es war das Jahr, in dem der Propagandaminister die Klosterprozesse anstrengte und die Jesuiten zu gern hineingezogen hätte.

Wir zogen um nach Hochelten. Kaum jemand bedauerte die Umsiedlung, obgleich wir uns räumlich einzuschränken hatten. Hoch oben über dem Rhein fühlten wir uns daheim. Sooft ich mich an die letzten Monate des Noviziates und an Hochelten erinnere, klingt mir das Lieblingszitat des Paters Magister in den Ohren: Ecce, quam bonum et quam iucundum, habitare fratres in unum. Wie gut und angenehm, in brüderlicher Eintracht zusammenzuleben. Hochelten blieb, denke ich, für alle eine unwiederholbare Idylle.

1937 sollten die Wehrfähigen von uns in den Reichsarbeitsdienst. Mit Sicherheit kein Zufall, daß fast für alle ein RAD-Lager in Sachsen ausgesucht wurde! Dennoch schien es mir für Franz eine Fügung des Himmels zu sein, daß die Ausbildung unterbrochen werden mußte; vorgesehen war, nach dem Noviziat unverzüglich im Berchmanskolleg Pullach das Philosophiestudium zu beginnen. Denn die Abwechslung bekam Franz vorzüglich, obwohl das Lagerleben kein Zuckerschlecken war. Franz erfuhr nämlich im Lager eine Art Renaissance, mit der er selber wahrscheinlich am wenigsten rechnete. Die neuen Kameraden nahmen ihn herzlich auf, ja, ein großer Teil war geradezu begeistert von ihm, seine ungekünstelte, rheinische Fröhlichkeit gefiel den unkomplizierten, etwas spröden Sachsen. Diese Erfahrung mußte ihm nach zwei Jahren Verstummung und Verklemmung psychologisch Auftrieb verschaffen. Als ich ihn Anfang Juni in Külso aufsuchte, erlebte ich eine ziemliche Überraschung.

Dabei hatte es am 2. April 1937 alles andere als verheißungsvoll ausgesehen, es war keine vergnügliche Reise, die wir RAD-Rekruten aus Hochelten bis Leipzig gemeinsam unternahmen. Ich begleitete Franz in dem riesigen Sackbahnhof an den Anschlußzug nach Halle. Sein bedrücktes Gesicht ging mir nach, Kummer zeichnete ihn stets deutlicher als andere, wiewohl abgesprochen war, uns bei nächstmöglicher Gelegenheit wieder zu treffen.

An seinen freien Wochenenden im April und Mai kam er tatsächlich nach Leipzig; er behauptete, in Külso bei Halle, wohin er abkommandiert war, wünschten sich Fuchs und Hase „Gute Nacht". Ich hatte Glück. Mein Lager gehörte zur Pfarre Sankt Laurentius im Leipziger Osten. Pfarrvikar Alois Eberle aus dem Badischen hatte mir für die Dauer der Dienstzeit sein Gästezimmer zur Verfügung gestellt, er erwies sich als Betreuer mit offenen Händen und offenem Herzen. Für das erste Wochenende im Juni hatten Franz und ich aufs neue eine Begegnung in Sankt Laurentius vereinbart.

Am Samstagmorgen jedoch rief Külso an und teilte mit, Arbeitsmann Biesenbach sei kurzfristig zur Lagerbewachung befohlen und müsse daher die Fahrt nach Leipzig absagen. Ich beschloß kurzerhand, einfach nach Külso aufzubrechen und meinen Freund zu überraschen.

Als ich mich beim Posten am Lagertor erkundigte, wo der Arbeitsmann Franz Biesenbach aufzutreiben sei, fragte dieser augenzwinkernd: „Meinst du den Kölner, der immer strahlt?"

Die Auskunft verblüffte mich. Aber sie konnte zufällig und subjektiv gefärbt sein. Allein wo immer ich mich in den anderthalb Tagen, die ich in Külso verbrachte, mit Franz zeigte, unentwegt spürte ich, daß er bei allen bekannt und gut gelitten war; keiner kam vorbei, der nicht zumindest freundlich nickte oder etwas herüberrief. Zum Überfluß erschien am Sonntag beim Mittagessen der Lagerleiter an unserem Tisch. Ob ich ebenfalls Kölner sei, wollte er wissen, und so eine Stimmungskanone wie mein Freund. „Ich sage Ihnen", erklärte er in seinem unverwechselbaren Sächsisch und klopfte Franz bieder-unbekümmert seine bemerkenswerte Rechte auf die Schulter, „Ihr Freund, das ist 'ne Wucht." Er wette mit mir, Arbeitsmann Biesenbach brächte unter Garantie noch den miesepetrigsten Zeitgenossen in zehn Minuten auf Schwung.

Am späten Nachmittag fuhr ich durch das ebene, von der untergehenden Sonne beglänzte Land nach Leipzig zurück. Von Minute zu Minute wurde ich nachdenklicher. Ich fühlte mich irritiert. Wie paßten beide zusammen, der Arbeitsmann, der ob seiner Beliebtheit auf einer Woge von Sympathie schwamm, und der Jünger des heiligen Ignatius von Loyola, der aus freien Stücken und ohne Aufbegehrung im hintersten Glied ausharrte? Mir kam unsere Unterhaltung im Noviziat ins Gedächtnis. All-

mählich dämmerte mir, was dieser Mitbruder für ein Mensch war. Ich begann zu begreifen, daß er, der das Leben im Orden einmal als das für ihn bestimmte angenommen hatte, nun entschlossen war, es unbeirrt weiterzuleben, mochten die Widrigkeiten noch so groß sein und manch anderer Weg wesentlich bequemer. Ein Anflug von Neid befiel mich. Und Ehrfurcht. Wie weit war ich von seiner Seelengröße entfernt!

Freilich, das war bloß die eine Seite der Medaille. Am Wochenende darauf trafen wir uns in Sankt Laurentius wieder. Wir lagen noch lange nach Mitternacht wach und redeten uns die Köpfe heiß. Weil er bedrückt war, erinnerte ich ihn an Külso und an das Ansehen, das er im Lager genoß. Er seufzte. „Du hast recht", räumte er ein, „ich kann die Mannschaft eine oder sogar zwei Stunden erheitern. Aber was bleibt davon? Sobald ich Religiöses zur Sprache bringe, schalten sie ab. Sie schimpfen nicht über Gott; nein. Viel schlimmer. Er existiert nicht für sie. Quid hoc ad aeternitatem?" Wie man dem Menschen von heute, der sich selber für unfehlbar hält, Gott näherbringt, ist allerdings ein Problem, mit dem sich nicht nur Pater Biesenbach bis zu seinem letzten Atemzug quälte.

Im August ordnete Reichsarbeitsdienstführer Konstantin Hierl an, daß die Dienstzeit ausgerechnet in diesem Jahr um vier Wochen zu verlängern sei, um den deutschen Bauern bei der Einbringung der Ernte Unterstützung angedeihen zu lassen; die Verzögerung war durch ungünstige klimatische Verhältnisse im späten Frühling zustandegekommen. Inwieweit Franz die Verlängerung als Schonfrist betrachtete, weiß ich nicht. Ich ärgerte mich jedenfalls schrecklich. Diese vier Wochen in einer abgeschrägten, stickigen Dachkammer eines nachlässig bewirtschafteten Hofes in der Bannmeile Leipzigs, die Plumpheiten der Arbeitgeber, die Härte des ungewohnten Einsatzes sorgten nicht bloß für geschundene Hände und einen gekrümmten Rücken, sondern zusätzlich für einen beträchtlichen Zorn auf diejenigen, die mir den Frondienst eingebrockt hatten.

Überdies verspäteten wir uns in Pullach um zwei Wochen. Die behutsame Einführung war so gut wie abgeschlossen, der Einstieg für uns um so abrupter. Galt das im Grunde für alle Neuankömmlinge, um wievieles mehr für Franz Biesenbach! Wie sollte jemand, der sich bereits in den letzten Jahren des Gymnasiums schwer getan und am Ende des Schuljahres jedesmal um die Versetzung gezittert hatte, den ungleich höheren Anforderungen gewachsen sein? (Warum auch mußte er ausgerechnet diesen Orden wählen?) Georg Mühlenbrock aus Trier, in den siebziger Jahren Rektor des Collegium Germanicum et Hungaricum in Rom, der sich in den kritischen Jahren um Franzens Studium kümmerte, war überzeugt, daß er die verlangte Abstraktionsstufe einfach nicht schaffen konnte. Die Art, in der im Orden studiert wurde, habe seine Fähigkeiten überstiegen. Dadurch sei er scheu und ängstlich geworden und habe seine Frische und Offenheit allmählich verloren.

Allein darüber waren nur Eingeweihte informiert. Franz beklagte sich kein einziges Mal, nur äußerst selten drang etwas nach außen. Wer jedoch hinter die Kulissen schaute, mußte ihn bewundern. Wie kann ein Mensch Jahre hindurch Niederlagen wegstecken? Es gelingt nur in der Lebenseinstellung, um die er sich seit dem Noviziat bemühte.

Bezeichnend, wie er sich für Georg Mühlenbrocks selbstlosen Einsatz revanchierte. Seine Ergriffenheit äußerte er eines Tages in unbeholfener Spontaneität in dem Ausruf: „Sie sind ja ein richtiger Goldjunge!" Da die Umgangssprache Lateinisch war, mußte übersetzt werden. Aus dem „Goldjungen" wurde, reichlich unbeflissen, „infans aureus". Die Wortschöpfung sprach sich rund und gefiel. Nur verzichtete man bald auf „aureus" und begnügte sich mit „infans". Der Beiname haftete dem Ausgezeichneten sein Leben lang an. Nur bietet das bloße „infans" zu Mißverständnissen Anlaß. Dabei wäre eine Mißdeutung höchst unangebracht. Denn muß man dem liebenswürdigen Pater Mühlenbrock durchaus ein goldenes Herz bescheinigen, auf keinen Fall darf man ihm undifferenzierte, infantile Verfügbarkeit unterstellen.

Von Franz Biesenbachs Schwierigkeiten hatten, wie erwähnt, nur Eingeweihte Kenntnis, es wäre auch keineswegs im Geiste des Ordensstifters gewesen, innere Befindlichkeit zur Schau zu stellen. Schon gar nicht zu Zeiten, in denen Gäste von außerhalb im Berchmanskolleg erschienen, um den einmal im Jahr stattfindenden Disputationen beizuwohnen. Einem beachtlichen Zuhörerkreis, geladenen Prominenten, bekannten Philosophieprofessoren und Geistlichen beider Konfessionen wurden einen Tag lang Thesen vorgestellt, begründet, analysiert, in Rede und Gegenrede verworfen und verteidigt. Natürlich saß die gesamte Philosophenschar des Hauses im Auditorium. Was da, selbstredend lateinisch, in herkömmlich scholastischer Manier in These, Antithese und Synthese abspulte, bestach, selbst die, die nur Bruchstücke aufgriffen, ließen sich beeindrucken. Nie hat mir jemand soviel neidvolle Bewunderung abgenötigt wie mein gleichaltriger Mitbruder Josef Stallmach aus Oberschlesien, der 1939 unseren Jahrgang vertrat und jeder noch so ausgeklügelten gegnerischen Beweisführung den Wind aus den Segeln zu nehmen verstand. Wie großartig er den Hauptsatz auseinanderfaltete! Distinguo. Wie er aus den Ableitungen unterschiedliche und einander widersprechende Erkenntnisse herauspflückte, um schlußfolgernd Unwiderlegbares anzubieten! (Ich konnte mich allerdings ab und zu des Verdachtes nicht erwehren, er habe, was er im Augenblick bejahte, nach Belieben oder nach Lage der Dinge, mit derselben Überzeugungskraft zu verwerfen vermocht, wie weiland der junge Petrus

Pier Leonis in Gertrud von le Forts Roman „Der Papst aus dem Ghetto".)

Zugegebenermaßen also selber fasziniert, fragte ich mich dennoch, was Zuhörer vom Zuschnitt eines Franz Biesenbach von derlei illustren Demonstrationen profitieren. Ohne Zweifel fühlte man sich geschmeichelt, in dieser erlauchten Runde sitzen und Diskussionen beiwohnen zu dürfen, in denen Mitbrüder sich bewährten; das färbte ab, irgendwie glaubte man sich zugehörig. Allein was hatte Franz davon, als er vier Tage vor Kriegsbeginn, nach München in die Türkenkaserne einberufen, an der Pforte des Berchmanskolleg von Pater Rektor mit Handschlag verabschiedet wurde?

Ist es vermessen, ein zweites Mal von Fügung zu sprechen, weil Franz Gelegenheit erhielt, eine ungeliebte Ausbildung nach anderthalb Jahren erneut zu unterbrechen? Gewiß sollte man seine Einberufung und die Furchtbarkeiten des sich anbahnenden Völkermordes nicht in einem Atemzug nennen. Auf der anderen Seite führt nichts an der Tatsache vorbei, daß er ein zweites Mal aus der Bahn geworfen wurde und sich Hals über Kopf in eine Umgebung versetzt sah, die mit den Verhältnissen in Pullach aber auch gar nichts gemein hatte. Auf jeden Fall mußte er seine Jüngerschaft jetzt auf völlig entgegengesetzte Weise dokumentieren.

Bayern, wenigstens Niederbayern, scheinen auf eine kölnische Frohnatur ziemlich ähnlich zu reagieren wie Sachsen; mit einem Satz: Franz fand in der Türkenkaserne in München so viel Zustimmung wie zwei Jahre davor in Külso. Allerdings hatte die allgemeine Verunsicherung überall zugenommen. Polen war zwar mit Glanz und Gloria geschlagen worden. Doch was kam nun? Es war schon erstaunlich, wie sehr gerade die jungen Leute in den Kasernen auf Zuspruch aus waren, und eine ganze Reihe von ihnen sah in Franz Biesenbach den idealen Gesprächspartner und Tröster. Er hörte sich jede Beschwerde an, wich aber auch heikelsten Problemen nicht aus. Dabei runzelte er nicht die Stirn, sondern bemühte sich um eine Atmosphäre, in der zuallererst Vertrauen gedieh. Von sich aus verriet er nicht, daß er Theologe und Jesuit war; viel wichtiger schien ihm, daß man in ihm den Menschen suchte.

Aus dem Umstand, daß Franz Biesenbach eine Anlaufstation für Kameraden war, abzuleiten, er sei ebenso ein bequemer Untergebener gewesen, wäre zumindest voreilig; natürlich fügte er sich, wo es ihm angezeigt erschien. Wo er jedoch Mißstände entdeckte, bemühte er sich, entgegenzuwirken, mit seinen Mitteln, behutsam, aber beharrlich. So mochte er beispielsweise den rüden Umgangston, die Beschimpfungen und verbalen Verunglimpfungen nicht, die in der Türkenkaserne gang und gäbe waren. Das Vokabular des bayerischen Unteroffizierskorps strotzte geradezu von gleicherweise primitiven wie peinlichen Ausrutschern; manche Vergleiche verletzten die Intimsphäre aufs schamloseste. Mehr als einmal versuchte Franz, einem der allzu wüsten Kapos ins Gewissen zu reden; die meisten erwiesen sich privat übrigens als durchaus zugänglich, mancher erschrak sogar, wenn der Kölner ihm die Doppelbödigkeit seiner Äußerung enthüllte.

Nicht weniger ärgerte er sich über die überhebliche und herablassende Art, mit der Offiziere die Rekruten ihre Nichtsnutzigkeit spüren ließen. Wenn er gar die Menschenwürde mit Füßen getreten sah, ruhte er nicht, bis er die Dinge auf seine Weise wieder ins Lot gerückt hatte. Als eklatantes Beispiel haftet in meiner Erinnerung jenes Gespräch, das Franz und ich mit dem Bataillonskommandeur führten, nachdem dieser in blindem Überschwang mit einem Schlag das gesamte Bataillon beleidigt und herabgewürdigt hatte.

Um dieses Gespräch hatte Franz ersucht am Abend des Tages, an dem morgens das erste „Scharfschießen" in

Freimann gewesen war. Auf dieses wichtige Ereignis war
von Anfang an systematisch hingearbeitet worden, der
Kommandeur, Major Fisching, ließ es sich nicht nehmen,
die Bedeutung unermüdlich herauszustreichen. Für ihn
schien Treffsicherheit die höchste Soldatentugend überhaupt. Deswegen versprach sich sein Ehrgeiz von möglichst guten Ergebnissen viel.

Leider indessen wurde Freimann eine einzige, schreckli-
che Enttäuschung, ein einziger aus dem Bataillon schaffte es, auf drei Scheiben sechsunddreißig Ringe zu erzie-
len. Fisching betrachtete es als Blamage und als einen
Affront gegen sich persönlich. Deswegen beschloß er,
ein Exempel zu statuieren, und ordnete für den späten
Nachmittag einen Strafappell an. Uhrzeit: Eine Stunde
nach offiziellem Dienstschluß.

Zur befohlenen Zeit harrten Unteroffiziere und Mann-
schaften auf dem Kasernenhof der Dinge, die über sie
hereinbrechen würden. Die Stimmung, wegen der will-
kürlichen Kürzung der kargen Freizeit ohnehin nicht die
beste, sank tiefer, weil immer wildere Gerüchte über die
Ursachen für diesen Appell in Umlauf gerieten. Daß man
die Geduld der Soldaten strapazierte, gehörte zum Ritu-
al, zur Unterstützung der beabsichtigten Seelenmassage;
daß es der Besänftigung der Gemüter nicht förderlich
war, lag auf der Hand.

Endlich erschien der hohe Herr in Begleitung einiger Offiziere; überraschenderweise aber befand sich unser Ka-
merad Josef Stingl ebenfalls in Fischings Schlepptau.
Dieser hatte am Morgen als einziger auf Freimann den
hochgesteckten Erwartungen seines Bataillonskomman-
deurs voll entsprochen. Der Major schob seinen Schütz-
ling vor und pries ihn uns wegen seiner Treffsicherheit
als leuchtendes Vorbild, dem es nachzueifern gelte. Die
übrigen nannte er erbärmliche Versager. Er überbot sich
in ständig neuen Belobigungen und Beschimpfungen. Am
unerträglichsten erschien uns die, Deutschland und der

Führer seien auf Männer wie Stingl und seine Leistungen angewiesen.

Während seiner Ergüsse hatte Franz mehrfach zu mir herübergeblickt. Ich wußte, in ihm ging Ähnliches vor wie in mir. So sehr uns Fischings Schimpfkanonade anwiderte, nachhaltiger erschütterte uns, daß dieser Ausrutscher kein Zufall war, sondern symptomatisch für das nationalsozialistische Deutschland. Mit ihrer Machtübernahme im Januar 1933 hatten die neuen Herren nämlich einen Denkprozeß in Gang gesetzt, der in den Hirnen der Massen eine Umschichtung der Werte bewerkstelligen sollte. Bisher gültige Werte rutschten um Stufen nach unten. An ihre Stelle traten angebliche Tugenden, die militärischem und faschistischem Gedankengut entsprachen. Nicht mehr der charakterlich Lautere war gefragt, sondern der Draufgänger, der bei Friedrich Nietzsche entlehnte „Herrenmensch". Wer zum Beispiel zielsicher schoß wie Josef Stingl, fand Anerkennung und wurde auf den Schild gehoben.

Hätte Franz sich nicht mit Gewalt beherrscht, wäre er nach vorn gestürmt, um dem Bataillonskommandeur und diesen Verdrehungen öffentlich und vor versammelter Mannschaft zu widersprechen. Aber abgesehen davon, daß es ihn Kopf und Kragen hätte kosten können, stand von vornherein fest, daß man ihm das Mikrofon niemals überlassen hätte. Auf der anderen Seite brachte er nicht fertig, das Unrecht widerspruchslos hinzunehmen. Während sich die übrigen nach dem Appell wie die begossenen Pudel davonschlichen, beschloß er, wenigstens dem Bataillonskommandeur persönlich zu sagen, was er über den Vorgang dachte. Um einen Zeugen zu haben, bat er mich, bei dem Gespräch anwesend zu sein.

Ich frage mich noch heute, aus welchen Gründen Major Fisching uns beide überhaupt vorließ. Das hatte er gar nicht nötig. Er hätte uns ohne weiteres abweisen können. Vielleicht war er neugierig und wollte erfahren, was die

Jesuiten anzumerken hatten. Er wußte, woher wir stammten.

Ob er frei weg von der Leber reden könne, fragte Franz zu Beginn, nachdem der Offizier, etwas betont herablassend, sich erkundigt hatte, was er für uns tun könne. Fisching nickte, schon sauertöpfischer.

Ob er sich vor dem Appell Rechenschaft darüber abgelegt hätte, forschte Franz, daß das, was sich etwa vor einer Stunde auf dem Kasernenhof abgespielt habe, für vierhundert Soldaten eine Zumutung gewesen sei, eine Beleidigung, ja, eine menschenverachtende Herabwürdigung, eine Umkehrung aller Werte. Er wolle dem Kameraden Josef Stingl nicht zu nahe treten. (Noch im Verlauf des Abends wurde uns zugetragen, daß Josef Stingl vor seiner Einberufung zweimal vor einem Jugendgericht gestanden hatte, einmal wegen Ladendiebstahls, das zweite Mal wegen Gewalttätigkeit.) Doch, fuhr Franz fort, müsse er im eigenen Namen und im Namen von vierhundert Kameraden entschieden Protest einlegen dagegen, daß man jemanden herausstreiche, weil er sechsunddreißig Ringe getroffen habe, und die übrigen, die vielleicht bloß nicht eine so ruhige Hand besäßen, deswegen als Versager tituliere. Natürlich wisse er, fügte er, einmal in Fahrt, abschließend hinzu, daß die Methode, tradierte Werte herunterzustufen, ja gerade auf den Kopf zu stellen, keineswegs ausschließlich in der Türkenkaserne praktiziert werde; leider begegne man ihr inzwischen überall in Deutschland, weil das höheren Orts nicht nur gern gesehen, sondern sogar erwartet werde. Das ändere indessen nichts daran, daß er diese Ungereimtheiten für ein Unrecht halte.

Als der Kölner endete, atmete er schneller. Er gab sich keinen Illusionen hin. Er hatte sich weit vorgewagt. Fisching starrte ihn lange und durchdringend an. „Hören Sie", sagte er nach einigem Überlegen, „ein Glück, daß nur wir drei Ihre Ausführungen gehört haben. Nur so kann ich sie auf der Stelle aus meinem Gedächtnis streichen. Ich war selber Katholik und weiß, daß Sie nicht anders denken können und daß es mir nie gelingen würde, Sie von Ihrer Meinung abzubringen. Gestatten Sie mir umgekehrt, bei der meinigen zu beharren? Heil Hitler!" Er sprang abrupt auf und stieß seinen Stuhl zurück. Wir waren entlassen. (Fisching, im Zivilberuf Leiter einer katholischen Volksschule in Straubing, hatte um der Karriere willen der Kirche den Rücken gekehrt.)

Draußen sahen wir uns nachdenklich an. Wir waren glimpflich davongekommen. Hatten wir andererseits etwas bewegt? Franz Biesenbach wäre mit sich selber niemals wieder ins reine gekommen, hätte er zu dem ungeheuerlichen Vorgang auf dem Kasernenhof geschwiegen. So war er, zurückhaltend, anpassungsfähig, bescheiden; kein Maulheld. Sah er jedoch Grundsätzliches in Frage gestellt, glaubte er, durch Stillhalten selber schuldig zu werden, stieg er ohne Furcht auf die Barrikaden.

Am 23. November endete unsere Rekrutenzeit in München. Wir wurden auf den gefürchteten Truppenübungsplatz Grafenwöhr in der Oberpfalz verlegt und zur neuen 88. Infanteriedivision zusammengestellt.

Erreichte der erste Kriegswinter die Rekordgrade des ersten Rußland-Winters auch in keiner Weise, machte uns die Kälte in den zugigen Baracken trotzdem erheblich zu schaffen. Der Wind drang durch die Fugen, wir wickelten uns in Wolldecken, verbrannten Holzschemel und froren trotzdem. Der Dienst war hart und anstrengend, die Stimmung lau; am schwierigsten wurde es am Anfang, sich einzugewöhnen, an die Vorgesetzten und an die Kameraden, an die nüchterne und in keiner Weise anheimelnde Umgebung.

Weihnachten hatte es in diesem Jahr scheinbar eiliger als allemal zuvor. Natürlich wurden Verheiratete und Väter bei der Urlaubseinteilung bevorzugt. Damit wir vier Pullacher, die nach Grafenwöhr verschlagen waren, dennoch ein bißchen weihnachtlicher Ergriffenheit teilhaftig wurden und die Vereinsamung nicht gar so spürten, hatte Franz sich etwas einfallen lassen. Er war mit dem Pfarrherrn von Vilseck, der Ortschaft, die dem Truppenübungsplatz am nächsten lag, einig geworden, eine Mitternachtsmette mit drei Zelebranten zu feiern. Das war kirchenrechtlich insofern problematisch, weil keiner von uns die dazu erforderliche Weihe hatte. Allein es beunruhigte weder den Pfarrer, der sich auf den feierlichen Gottesdienst freute, noch uns; der für die Gemeinde zuständige Bischof erfuhr zum Glück nichts über das Sakrileg.

Die heilige Nacht in der schönen Vilsecker Barockkirche wurde für uns ein unvergeßliches Erlebnis. Max Gritschneder aus München und Werner Barzel aus Berlin, die beiden Mitbrüder, amtierten als Diakon und Subdiakon, ich spielte Lektor, Franz zog an der Orgel sämtliche Register seines übrigens nicht unbeträchtlichen musikalischen Könnens. Als Max sich völlig unstatthafterweise auch noch zu einem jubilierenden „Dominus vobiscum" verstieg, jubilierten wir innerlich mit. Nie vergesse ich das überwältigende Orgelgebraus jener geweihten Nacht, nie das Knirschen des Schnees unter unseren Stiefelsohlen, als wir, nach einem Imbiß im Pfarrhaus, gegen Morgen in die Baracken zurückstapften. Unsere Seligkeit vermochte der Unmut der Zurückgebliebenen nicht zu schmälern, die, aus dem Schlaf gerissen, im Unterbewußtsein über die Störung ungehalten murrten.

In der darauffolgenden Woche stand an sich uns Urlaub zu; Franz und ich verzichteten zugunsten zweier Väter, deren Kinder zu Hause krank darniederlagen. In der Silvesternacht luden wir zu einer Besinnungsstunde ein; kaum einer schloß sich aus. Um Mitternacht weilten unsere Gedanken bei den Lieben daheim. Was hielt 1940 für uns bereit?

Nie vorher und nachher sehnten wir das neue Frühjahr

so inbrünstig herbei wie während der frostklirrenden Wintermonate in der Oberpfalz. Ungebärdig verstärkten wir die Ausschau nach den unscheinbarsten Vorboten eines jahreszeitlichen Umschwungs, nach Anzeichen beginnender Eisschmelze oder abtauenden Schnees. Noch warteten wir vergeblich, als der Aufenthalt in Grafenwöhr für mich von heute auf morgen endete, heraufbeschworen durch den verunglückten Gewehrgriff des Unteroffiziers Wiesner. Ihm rutschte bei allzu krampfhafter Bemühung um Präzision der Karabiner unversehens aus der klammen Hand und polterte auf den Zementboden vor der Baracke, just vor die Füße des Kompaniechefs. Oberleutnant Maier, im Zivilberuf Angestellter der Staatsbibliothek in München, sonst ein ziemlich umgänglicher Vorgesetzter, ärgerte sich über Wiesners Mißgeschick derart, daß er ihn auf der Stelle seines Auftrages entkleidete, in einem Vorkommando in Amberg Privatunterkünfte ausfindig zu machen. Im April sollte die Division nämlich den Truppenübungsplatz verlassen und in der Stadt Quartier beziehen. An Wiesners Stelle nominierte Maier ohne langes Überlegen mich. Als Beauftragter der Kompanie war ich eigensüchtig genug, für Franz und mich in der Rezerstraße eine gemütliche Unterkunft auszusuchen.

An der Eroberung Dänemarks und Norwegens am 9. April unbeteiligt, schoben wir von April bis Anfang Mai eine, wie die Landser sagen, „ruhige Kugel", wiewohl an jedem neuen Tag mit weiteren überraschenden Überfällen zu rechnen war. Amberg an der Ammer war keineswegs die einzige Stadt in Deutschland, in der Soldaten privat untergebracht wurden. Man konnte an den fünf Fingern einer Hand abzählen, daß inzwischen eine riesige Armee bereitstand, um die Niederwerfung Europas planmäßig voranzutreiben.

Des Ausblicks aus der Dachluke in der Rezerstraße wäre ich so bald nicht überdrüssig geworden. Wenn ich, die in

den verdämmernden Frühlingsabend nach und nach er-
blühenden Lichter beobachtend, Franz Biesenbach hinter
mir wußte, der am Tisch saß und las, zuweilen aufblickte
und sich an mich wandte, dünkte mich, eine anregendere
Übereinstimmung als die zwischen ihm und mir sei nicht
vorstellbar.

Die Idylle endete am 10. Mai 1940 abends. Für neun waren wir zum Güterbahnhof befohlen. Als der Morgen
herankroch, lagerten wir noch an den Rampen.

Gegen acht rollten die Güterzüge an, die uns nach Westen transportieren sollten. Unwillkürlich fielen mir Bilder aus unserem Geschichtsbuch ein. Sie stammten von
der Mobilmachung 1914. Soldaten hatten Parolen an die
Waggons geschmiert. Siegreich wolln wir Frankreich
schlagen. Von uns wollte niemand wissen, ob wir Frankreich schlagen wollten. Es verfiel auch keiner auf die
Idee, die Wände zu bekritzeln. Wir klapperten mit den
Zähnen, müde und fröstelnd nach der durchwachten und
ungemütlichen Nacht.

Tagsüber rüttelte man uns durch Deutschland. Von Ost
nach West. Von der Oberpfalz an den Rhein. Gegen
Mittag passierten wir Würzburg; die Marienfeste grüßte
herunter. Mit Einbruch der Abenddämmerung erreichten
wir Koblenz; das Deutsche Eck war nur mehr umrißhaft
erkennbar. Die Dunkelheit verdichtete sich und umhüllte
uns wie ein Sack. Vermutlich ging die Reise jetzt an der
Mosel entlang. Aus dem Morgendunst löste sich Trier.
Doch erst in Konz wurden wir ausgeladen.

Frankreich-Feldzug. Ich habe nicht die Absicht, die chro-
nologische Abfolge der Geschehnisse akkurat nachzu-
zeichnen; das überlasse ich Kompetenteren. Ich möchte
nur auf das für uns herausragende Ereignis eingehen, auf
unsere Feuertaufe am 12. Juni bei Tréloup an der Marne.
Aber auch das geschieht nicht, um ein Stück Krieg zu
schildern. Es liegt mir vielmehr ausschließlich daran,
Franz Biesenbachs Anteile vorzuführen.

Hatte er, der seit Amberg Leiter des Sanitätstrupps der dritten Kompanie war, sich bis zu diesem Tag in allem klaglos und unauffällig angepaßt, kam nun, als es, übrigens das einzige Mal während des Vormarsches, buchstäblich um Leben und Tod ging, seine Stunde. Die Stunde des Franz Biesenbach. Er bewies Nächstenliebe und Todesmut so uneigennützig, daß ich ihm diesen Einsatz niemals vergessen würde, selbst wenn ich von seinem Leben davor und danach keine Ahnung hätte.

Seit Konz vier Wochen lang Tag um Tag auf den Beinen, erledigten wir, die 88. Division unter Generalmajor Gollwitzer, das 246. Regiment unter Oberst Nebauer, mit aufreibenden Gewaltmärschen und Tagesleistungen von durchschnittlich fünfundsechzig Kilometern, eine Art Notnagel-Funktion. Da wir nur kurzfristig und überdies an erbeuteten, minderwertigen tschechischen Waffen ausgebildet und mit ihnen bestückt waren, traute man uns entscheidende Kampfhandlungen offensichtlich nicht zu. (Den Widerstand bei Tréloup hatte kein Generalstäbler für möglich gehalten.) So hetzten wir den vorgestürmten motorisierten Verbänden hinterher, um die überrollten Gebiete zu sichern. Von der Mosel aus erreichten wir über Luxemburg und den Südzipfel Belgiens den Raum von Laon; im Verband der 12. Armee unter List ging es der Marne entgegen. Am Mittag des 11. Juni erblickten wir sie aus der Ferne zum ersten Mal. Noch verhältnismäßig gut gelaunt stiegen wir, an dicht nebeneinandergepflanzten Kirschbäumen und an Champagnerweingärten vorbei, zu Tal. In Tréloup, der unmittelbar am Fluß gelegenen, von den Einwohnern überhastet verlassenen Ortschaft, blieben wir über Nacht.

Ich sehe es wieder vor mir, das rote, an den Fenstern gelb abgesetzte Gebäude, in der Straßenbeuge von Tréloup, mit seiner schmiedeeisernen Pforte, dem Zugang zum Sektkeller. Unter dem massiven Gewölbe machten wir es uns gemütlich und genossen den unvergorenen Schaumwein und bedachten nicht, wie umtreiberisch er mitunter in den Därmen rumort.

Eine Stunde vor Morgengrauen wurden wir geweckt, im Schutz der Dämmerung sollten wir übersetzen; am Ufer lagen Boote bereit. Am Dorfrand stand der Regimentskommandeur und wies uns ein; die erste Kompanie bekam den Auftrag, links, die dritte, rechts auszuschwärmen; die zweite hielt sich der Oberst mit den Sanitätstrupps in Reserve. In Schützenkette zogen wir uns weit auseinander. Außer geflüsterten Zurufen hörte man nichts. Einmal flog ein aufgeschreckter Zaunkönig auf. Ein leichter Wind bewegte das mannshohe Riedgras.

Als wir ziemlich symmetrisch auf die Niederung verteilt waren, als die ersten Ufer und Boote erreichten, brach die Hölle los. Auf der gegenüberliegenden Flußseite war eine französische Einheit in Stellung gegangen; Scharfschützen sandten von Pappeln Tod und Verderben in unsere Reihen, auf den Hügeln war Artillerie postiert.

In Sekundenschnelle verwandelte sich die friedliche Landschaft in einen Hexenkessel. Nur wem es gelang, sich, vom Gras ein wenig verdeckt, einzugraben, hatte die Chance, davonzukommen, die Scharfschützen nutzten die geringste Unvorsichtigkeit aus; vor den über uns zerberstenden Granaten vermochte bloß der Himmel zu bewahren. Endlich eingegraben, lag ich da und konnte nichts als warten. Sooft ich mich rührte, pfiffen Kugeln um meinen Kopf. Apokalyptische Visionen suchten mich heim. Endete hier der Hitlersche Vormarsch? 1914 wurde an der Marne schon einmal der Krieg verloren.

Am unerträglichsten schien mir das Jammern der Verwundeten. Aus dem Stimmengewirr erkannte ich die Hilferufe von Feldwebel Hinrichsen aus Münster. Eine Granate hatte ihm das linke Bein zerfetzt, aus eigener Kraft konnte er sich nicht helfen. Wer wagte, ihn zu bergen? Franz! Er zögerte keinen Augenblick. Gemeinsam mit dem Gefreiten Hunschildt aus dem Sanitätstrupp arbeitete er sich vor. Es dauerte über eine Stunde, ehe Hinrichsen in Sicherheit war. Wahrscheinlich haben Franz und Hunschildt ihm das Leben gerettet. Er war der erste. Nicht der letzte.

Die beiden Sanitäter gönnten sich keine Pause. Der zweite, den sie bargen, hieß Josef Aigner; sein Vater bewirtschaftete einen Bauernhof in Miesbach.

Mit Egon Demmer aus Freilassing hatte Franz kein Glück. Egon hatte zuviel Blut verloren. Er starb, als der Rücktransport halb gelungen war.

Es ging gegen elf, als sie das vierte Mal ausrückten. Dieser Versuch glückte wieder. Auf Hanns Wißmann aus Augsburg wartete in Tréloup bereits ein Rettungshubschrauber.

Gegen Mittag zog Oberst Nebauer die Konsequenz und forderte Stukas an. Das Ende war fürchterlich. Sturzkampf-Flugzeuge richteten mörderische Zerstörungen an. Drei Angriffe flog die Staffel. Nach dem dritten war der Feind vernichtet. Am Tag danach hingen die angeseilten Leichen der Scharfschützen kopfüber in den Bäumen.

Als ich Franz wiedersah, hockte er in einer Ecke des Sektkellers, in dem wir bereits die vorhergehende Nacht verbracht hatten. Ihm war jetzt nicht danach, zu reden. Schon gar nicht wollte er gelobt werden. „Warum, meinst du", wiegelte er ab, „habe ich mich zum Sanitätstrupp beworben? Damit war das heute morgen eine pure Selbstverständlichkeit."

So war er, kein Mann, der sich gern in den Mittelpunkt oder gar auf den Schild heben ließ. Nahm er nicht dennoch das Wort Jesu ernst: Es gibt keine größere Liebe als die, die das Leben aufs Spiel setzt für die Freunde?

Der Rest erstarb in Routine. Am Morgen danach überquerten wir die Marne auf einer Pontonbrücke östlich von Tréloup. Der Vormarsch wurde fortgesetzt. Ein nochmaliges „Marnewunder" kam nicht zustande, dafür war die französische Armee 1940 nicht gewappnet.

In der Nacht vom 16. zum 17. Juni bat Marschall Pétain um Waffenstillstand. Wir marschierten noch einige Tage weiter bis zur Loire, auf dem Gelände vor Schloß Champoulet kampierten wir in einer Zeltstadt. Von hier aus ging es zurück in die Heimat. Die dritte Kompanie fand ihre Bleibe in Wallerstein bei Nördlingen. Studenten durften für das Wintersemester um Studienurlaub einkommen; bei uns machte man erstaunlicherweise keine Ausnahme. Das hieß also auch für Franz und mich und die anderen: Von September 1940 bis zum 10. Februar 1941 wieder Pullach und Philosophie.

Für Franz bedeutete das erneut: Hinabtauchen in eiskaltes Wasser, Rückkehr zu einer ihm widerstrebenden Beschäftigung. Ich war kritischer geworden und bildete mir über seine Schwierigkeiten ein sehr widersprüchliches Urteil. Wie sollte man die beiden auf einen Nenner bringen, den Franz Biesenbach von Tréloup, der sein Leben ohne Zaudern in die Schanze schlug, und den Scholastiker Biesenbach, der sich mit Zittern und Bangen auf das Abschlußexamen vorbereitete und wußte, daß er es, wenn überhaupt, nur mit den niedrigsten Noten schaffte? War es verantwortbar, ihn mit Dingen zu konfrontieren, die ihn überforderten?

Ich begriff damals noch nicht, daß er, bei allem Respekt vor seiner Tapferkeit, als Student in Pullach ungleich mehr Bewunderung verdiente; in Tréloup war er seinem Naturell gefolgt, ohne sich lange zu besinnen, als Jesuit mußte er, täglich neu, um Ergebung, um Demut ringen, wollte er dem Anliegen des Ordensstifters entsprechen. Ich besaß kein Gespür dafür, daß der Mensch am größten ist, wenn er kniet. Franz hatte das Geheimnis durchschaut und für sein Leben umgesetzt. So weit war ich noch nicht.

Im Februar wurde die 88. Division nach Südfrankreich beordert und wir aus dem Studienurlaub zurückbefohlen. Bis zur Jahresmitte 1941 bewachten wir in Saint Palais in den Vor-Pyrenäen die zwischen Deutschland und Vichy-Frankreich ausgehandelte Demarkationslinie; die zweite Jahreshälfte verbrachten wir in Saint Jean de Luz an der Biskaya „zum Schutz der Atlantikküste". Im November wurden alle Jesuiten auf Grund eines Führererlasses aus der Wehrmacht entlassen.

Vier Monate studierte ich mit Franz in Frankfurt noch weiter, trug mich indessen längst mit Austrittsgedanken; schon während der letzten Monate hatte ich mit Franz darüber diskutiert. Er vermochte nicht, mich umzustimmen; ich war außerstande, mich zu unterwerfen. Unsere Verbindung riß trotz meines Austritts jedoch nie ab. Er war und ist mein großes, unerreichbares Vorbild. Am 9. November 1942 zum Priester geweiht, arbeitete er von 1943 bis 1945 an St. Peter in Essen, freilich als „Organist und Chorleiter" getarnt. Wo Not am Mann war, sprang der junge Kaplan ein, die entsetzlichen Luftangriffe auf die Stadt gerade in diesen Jahren verlangten vollen Einsatz; er tröstete die Verletzten, half den Sterbenden in den Himmel und beerdigte die Toten auf verschiedenen, weit auseinanderliegenden Friedhöfen Essens. Einmal wurde er selber durch eine Mine in die Luft geschleudert und zog sich Rippenbrüche zu; weil er den Vorfall verschwieg, entdeckte man die Verknorpelungen erst 1971 bei einer Routineuntersuchung. Schon die ersten Essener Jahre überschattete eine gewisse Melancholie.

Wer Franz Biesenbach genauer kannte, wer hinter die verhüllende Fassade blickte, wer ein bißchen Menschenkenntnis besaß, konnte nicht annehmen, daß er es je leicht hatte, daß ihm ein friedvolles, bequemes Leben zugedacht war. Dafür hatte er zu viel Leid erfahren, dafür war er zu hintersinnig; wie er wußte, wo es lang ging, so, wollte er, sollten es die ihm Anvertrauten wissen. Es lag ihm nicht, Sprüche zu machen; er war kein Tröster, der die Welt verharmloste. Er verlangte, der Wirklichkeit in die Augen zu schauen, Verantwortung zu übernehmen und sich nicht auf die sanfte Tour davonzustehlen.

1943, am Tag nach Peter und Paul, erfuhr er bei der Rückkehr von einer Beerdigung, daß in der Nacht zuvor sein Vater bei einem der schlimmsten Angriffe, die je auf Köln geflogen wurden, in den Trümmern seines Hauses elendiglich ums Leben gekommen war; in der Stunde, zu der er die Totenmesse für ihn zelebrierte, erlag die Mutter den Verbrennungen, die sie in der Bombennacht erlitten hatte. Die Niederdrückungen, die er während des Studiums erfahren hatte, waren nicht ungeschehen zu machen; nach 1945, als die ständigen politischen Bedrohungen durch die Nazis endgültig ausgestanden waren, quälten ihn Krankheiten, die den Lebensmut beeinträchtigten. Er wirkte in der Stille. Aber war das nicht gerade seine Stärke?

Das zutreffende Wort über ihn hat Georg Mühlenbrock gesagt. „Ein Glück, daß es Jesuiten gibt, wie Franz Biesenbach einer war." Georg Mühlenbrock möchte damit verdeutlichen, daß es nach Meinung des Ordensstifters Ignatius von Loyola nicht in erster Linie darauf ankommt, eine brillante Persönlichkeit zu sein. Ausschlaggebend ist, wie weit der Jesuit ein Gleichnis wird für den, dessen Namen seine Gesellschaft trägt.

Ich habe Pater Biesenbach geliebt, wie ihn alle liebten, die näher mit ihm zu tun bekamen. Wie ihn die Neudeutschen liebten oder die Pfadfinder in der DPSG, um die er sich in Essen und Köln kümmerte. Wie ihn die Alten im Karl-Josef-Haus liebten, die bitterlich schluchzten, als er ihre Betreuung 1980 einstellen mußte. So ging er am 4. März 1985 heim in den Frieden Gottes, leise, aber erfüllt, denn nur der Demütige ist in Wahrheit groß vor ihm.

EIN HALBES JAHRHUNDERT

In ihrem Buch „Sommerstück", das ich im übrigen wegen seiner herb-süßen Melancholie und wegen seiner höchsten Ansprüchen genügenden erzählerischen Kraft sehr schätze, läßt die ehemalige DDR-Schriftstellerin Christa Wolf die junge Jenny fragen, seit wann es eigentlich diese Zwangsvorstellung von der glücklichen Einzelliebe gebe. So daß alle Leute auf dieses Phantom fixiert seien und sich keiner mehr etwas anderes vorstellen könne. Seit wann vor dem inneren Auge eines jeden Mitteleuropäers, wenn er das Wort „Glück" höre, ein Paar auftauche, das sich gegenüberstehe und zwischen denen gerade „der Blitz" einschlage. All dieser Unsinn. Die romantische Liebe als Lebensersatz. All das.

Wiewohl ich einräume, mich dieser Frage nie ernsthaft zugewandt zu haben, jetzt, da ich sie mir, von Christa Wolf veranlaßt, vorlege, muß ich gestehen, daß ich mir beim besten Willen nicht vorstellen kann, wie ich die letzten fast fünfzig Jahre meines Lebens ohne Einzelliebe hätte bewältigen sollen; auf die Gefahr hin, als altmodisch verschrieen zu werden, ich fühle mich außerstande, mir auszumalen, wie ich ohne Helga York zurechtgekommen wäre. Wahrscheinlich würde Jenny mir entgegenhalten, das sei eben das im Laufe von Jahrhunderten eingerostete falsche Denkschema, demzufolge immer nur zwei miteinander glücklich sein könnten. Jenny mag ihre These noch so gescheit und noch so hartnäckig verteidigen, sie würde mich nicht davon abbringen, daß es für mich überhaupt keinen anderen Weg gab als den mit dieser Frau.

Dabei bilde ich mir nicht ein, das, was wir beide im letzten halben Jahrhundert gemeinsam erlebten, sei absolut einmalig; Vergleichbares ist Millionen anderer Paare widerfahren. Deswegen ist unser Fall ja symptomatisch für die zweite Hälfte dieses ausgehenden zwanzigsten Jahrhunderts. Auf der anderen Seite jedoch fällt der Anfang meines Lebens mit Helga, bei aller Selbstbescheidung, in vielerlei Hinsicht aus dem Rahmen, ja er steckte so voller Höhen und Tiefen, er war so angefüllt mit Ungereimtheiten und Widersprüchen, mit Herausforderungen und Demütigungen, daß man nur den Kopf schütteln kann. Deswegen nehme ich an, eine detaillierte Darstellung sei einmal für unsere Zeitgenossen und Wegbegleiter von Reiz, die nachträglich für äußerst kuriose, unbegreifliche Vorkommnisse eine Aufklärung erhalten; sie scheint mir aber auch aufschlußreich zu sein für später Geborene, die über diese schlimme Zeit gerne wahrheitsgemäß unterrichtet würden.

Als ich Helga im Sommer 1942 zum erstenmal im Frauenbundwohnhaus in Berlin-Charlottenburg sah, hatte ich gerade verrückte Monate hinter mir. 1941 lag ich, damals noch Jesuit, mit den Mitbrüdern Werner Barzel aus Berlin, Franz Biesenbach aus Köln und Max Gritschneder aus München mit der 88. Division in St. Jean de Luz an der Biskaya, „zum Schutz des Atlantik-Walls", wie es noch heute in meinem Wehrpaß zu lesen ist. Wir nahmen seit etwa sechs Wochen an einem Offiziers-Lehrgang teil, als man uns eines schönen Tages im November auf die Schreibstube befahl. Ohne daß man uns Gründe nannte, wurden wir angewiesen, noch in der gleichen Stunde unsere Sachen zu packen und nach Augsburg zu reisen, um uns dort in der Genesenden-Kompanie zur Entlassung zu melden. Die Anordnung kam direkt aus dem Oberkommando des Heeres; in St. Jean de Luz wußte sich niemand einen Reim darauf zu machen.

In Augsburg klärte sich der abrupte, nach zweijähriger Dienstzeit besonders auffällige Hinauswurf sofort auf. Hitler persönlich hatte gewünscht, sämtliche Jesuiten auf der Stelle aus seiner damals noch glorreichen Armee zu entfernen. Natürlich sollten die also Verfemten nicht in die Freiheit entlassen werden; sie sollten vielmehr der OT (Organisation Todt; Dr. Fritz Todt, am 30. 6. 1933 von Hitler zum „Generalinspekteur für das deutsche Straßenwesen" ernannt, seit 1940 auch sein „Rüstungsminister", leitete eine selbständige, mit militärischen Sonderaufgaben betraute Bautruppe. Seine „Organisation" beschäftigte u. a. Hunderttausende Deutscher, die irgendwie auffällig geworden waren, Kriegsgefangene, Juden und KZ-Häftlinge, die bevorzugt zu lebensgefährlichen Einsätzen herangezogen wurden. Todt kam 1942 bei einem Flugzeugabsturz ums Leben.) überstellt und dort einem der zahlreichen Todeskommandos eingegliedert werden.

Dem ersten Teil dieses Führererlasses wurde prompt und korrekt entsprochen, wenngleich die Benachrichtigung den einen oder anderen Mitbruder zu spät erreichte; so traf sie bei der Einheit von Matthias Neumann aus Altrich an der Mosel erst ein, als dieser gefallen und in Rußland beerdigt war.

Die zweite Hälfte des Führerwunsches aber, die Überstellung zur OT, wurde in keinem Falle erfüllt; ob diese Mißachtung auf Schlamperei beruhte und daraus resultierte, daß selbst bei den Nazis die Linke mitunter nicht wahrnahm, was die Rechte tat, oder ob es sich, wie gemunkelt wurde, um gezielte Sabotage handelte, entzieht sich meiner Kenntnis. Immerhin mußten wir bis zum allerletzten Tag der Naziherrschaft darauf gefaßt sein, daß irgend jemandem die Inkonsequenz doch einmal auffiel und unserer „Vagabundiererei" ein schmähliches Ende bereitet wurde.

Um die Mutmaßung zu entkräften, diese Darstellung entspränge möglicherweise lediglich einer ausufernden Phantasie, zitiere ich die entsprechende Stelle in meinem Wehrpaß, der sich bis zur Stunde in meinen Händen befindet. Auf Seite 26 steht: „Entlassen am 24. 10. 41 auf Grund der Verfg. des OKH (Ch. Rüst. u. BdE) 12 e/f AHA/IIc Nr. 3757/41 geh. v. 6. 10. 41 wegen Entlassung aus dem Heere."

Im Gegensatz zu meinen drei Mitbrüdern, die dem Orden weiterhin angehörten, ergab sich bald für mich zusätzlich eine neue, mehr als zwiespältige Situation. Ich kehrte zwar am 25. November noch einmal in die Gesellschaft Jesu zurück und studierte während des Wintersemesters 1941 an der Jesuitenhochschule Sankt Georgen in Frankfurt am Main, wußte indes seit langem, daß ich nicht zum Priestertum und schon gar nicht zum Ordensleben berufen war. So trennte ich mich im Februar 1942 und fühlte mich zunächst erleichtert und endlich als „freier Mann".

Kurze Zeit danach befiel mich indes Mutlosigkeit und das Gefühl, mich unüberlegt zwischen zwei Stühle gesetzt zu haben. Wiewohl mich die letzten Wochen im Orden, die zermürbende Suche nach dem richtigen Weg, mitgenommen hatten, in Sankt Georgen befand ich mich in einer mir seelenverwandten Gemeinschaft, in der ich geborgen war. Gemeinsam fühlten wir uns stark in einer Zeit, die immer unverkennbarer von Haß geprägt wurde. Diesen Rückhalt, diese Geborgenheit hatte ich aus freien

Stücken preisgegeben. Wie noch nie in meinem Leben stand ich allein.

Die Isolierung war nicht alles. War ich nicht gehalten, jetzt, nachdem der Grund für meine Entlassung aus der Wehrmacht, die Zugehörigkeit zur Gesellschaft Jesu, fortgefallen war, die Behörden zu informieren und um Reaktivierung nachzusuchen? Ich lief ohnedies Gefahr, zur Rechenschaft gezogen zu werden, sollte man von meinem Austritt Kenntnis erhalten.

Auf der anderen Seite: Freiwillige Rückkehr in Hitlers Armee? Nach allem, was ich schon damals von den nationalsozialistischen Verbrechen wußte? 1942 kannte ich die vollständige Liste ihrer Greueltaten noch nicht.

Trotzdem schwankte ich. Waren meine Einwände nicht in Wahrheit nur ein Vorwand, um Drückebergerei zu vertuschen? Durfte ich mich verstecken, während Millionen anderer an vielen Fronten kämpften und starben?

Man sollte die Gewissensnöte nicht bagatellisieren, in denen ich mich befand; es war schon eine arge Zwickmühle! Es gab Ratgeber, die mich bedrängten, mich zurückzumelden; am nachhaltigsten verunsicherte mich ein ehemaliger Neudeutscher. Inzwischen Oberstleutnant und Regimentskommandeur, hielt er es für eine Schande, sich dem „Schicksalskampf des deutschen Volkes" zu verweigern. Kein Zweifel, er meinte es ehrlich, ihm war Patriotismus ein Herzensanliegen. Nach dem Kriege drei Legislaturen hindurch Mitglied des Deutschen Bundestages, ließ er sich auf seine damalige Auslassung nicht gern ansprechen.

O Zwiespältigkeit eines vorwitzigen, hellen Vorfrühlingstages im März! Ich verspürte absolut keine Lust, weiter hin- und hergezerrt zu werden und hätte sämtliche Zweifel am liebsten in den Wind geblasen. Schneeglöckchen läuteten in Gärten und Wiesen; Krokusse öffneten blaue, weiße und gelbe Kelche; unter dem Johannisbeerstrauch Winterlinge; ein einsamer Rhododendron praecox leuchtete violett, von hundert Blüten übersät. Warum war ausgerechnet mir vorenthalten, die Wonne uneingeschränkt zu verkosten?

Traurig blieb ich stehen. Ich schüttelte mich. Zum Glück gab es nicht bloß den karrieresüchtigen Regimentskommandeur! Von Helgas Existenz hatte ich im Frühjahr 1942 zwar noch keine Ahnung, aber ich erinnerte mich plötzlich des Regensburger Verlegers Dr. Josef Habbel.

Kennengelernt hatten wir uns 1937 im Berchmanskolleg in Pullach, wo ich Philosophie studierte. Er wollte von mir die Buchrechte für meine Erzählung „Ein Junge findet heim" erwerben, die in der Wiener Zeitschrift „Christophorus" vorabgedruckt worden war. Als Neudeutscher bot er mir sofort das „Du" an. „Ein Junge findet heim" wurde tatsächlich mein erstes Buch, vor 1945 leider auch das einzige, weil man mich nach seinem Erscheinen aus der „Reichsschrifttumskammer" ausgeschlossen hatte.

Ich hatte ihn als gütigen, hilfsbereiten Menschen im Gedächtnis und erhoffte von ihm in meiner kritischen Lage einen guten Rat oder mehr. „Dich unaufgefordert als Schlachtvieh zur Verfügung stellen für Hitlers verbrecherischen, sowieso verlorenen Krieg?" unterbrach er mich bald empört, „nie und nimmer!" Was er über die Nationalsozialisten heraussprudelte, schien mir vernichtender als alles, was mir bisher zu Ohren gekommen war. Er überlegte kurz und schlug mir vor, zunächst in Regensburg zu bleiben und für ihn als Lektor die ihm angebotenen Manuskripte zu prüfen; inzwischen hätten wir Muße, anderes ins Auge zu fassen.

Ich muß Dr. Habbel dankbar sein bis an mein Lebensende; zweimal hat er mir in Schwierigkeiten aus der Patsche geholfen. In einem Büro des Verlagshauses in der Gutenbergstraße las ich die stapelweise gehäuften, zum überwiegenden Teil nicht verwendbaren Manuskripte.

Mehrere Male am Tag tauchte der Verleger auf, jedoch nicht, um sich über meine Befunde zu unterrichten, sondern um sich mit mir zu unterhalten. Zwischen uns entwickelte sich eine Art Seelenfreundschaft, obschon Josef Habbel sechzehn Jahre älter war als ich.

Es stellte sich schnell heraus, daß sein Lieblingsthema die Philosophie war. Er hatte sich 1928 in seiner Dissertation bei Professor Geyser in München über „Die Analogie zwischen Gott und Welt bei Thomas von Aquin" verbreitet und wäre wahrscheinlich besser Wissenschaftler geworden als Geschäftsmann. Jedenfalls vermochte er, der Enkel, die große Tradition des Verlages nicht aufrechtzuerhalten, den der Großvater während des sogenannten Kulturkampfes, vor Bismarcks Willkür aus Preußen geflohen, in Regensburg zu einem der bedeutendsten katholischen Unternehmen ausgebaut hatte. Ja, zwanzig Jahre später geriet der Erbe sogar in schlimme wirtschaftliche Turbulenzen. Sooft mir heute der inzwischen verstorbene Freund in den Sinn kommt, sehe ich statt früherer, schönerer Bilder das letzte Foto im letzten Heft seines „Zwiebelturmes". Weltabgewandten, fast schon zerstörten Blicks sitzt er da, inmitten mehrerer leerer Stühle, als schaue er über die Zeit hinaus. Zuvor hatte er, den nahen Tod ahnend, das Abschiedswort für die von ihm gegründete „Monatsschrift für das bayerische Volk und seine Freunde" verfaßt, die ihr Erscheinen nach sechsundzwanzig Jahren wegen Lesermangels einstellte. Dieser spektakuläre Mißerfolg seines Lieblingskindes traf ihn ins Herz. Im letzten Brief an mich hatte er drei Wochen zuvor geschrieben: „Ich spüre, es kommen apokalyptische Zeiten."

Dabei war Dr. Habbel keineswegs ein Spielverderber oder Kostverächter. Nie vergesse ich einen sonntäglichen Spaziergang mit ihm. Von einer Würstchenbude am Donauufer stieg uns würziger Geruch verführerisch in die Nase. Dem kulinarischen Genüssen durchaus zugetanen

Mittvierziger lief buchstäblich das Wasser im Munde zusammen. „Ich weiß schon", jammerte er in seinem unnachahmlichen Charme, „jetzt im Kriege, wo ich Geld hätte, mir ein Würstchen zu leisten, bekomme ich nichts, weil mir die Fleischmarken fehlen. Im Frieden, wenn Fleischmarken nicht mehr verlangt werden, mangelt es mir an Geld." Es war keine Horrorvision. Aufs neue betroffen denke ich an ein Zusammentreffen mit ihm auf der Buchmesse in Frankfurt. Dr. Habbel begrüßte mich in einem ziemlich schäbigen, verbeulten Anzug. Während sich seine Verlegerkollegen Hotelzimmer mieten konnten, hauste er im Wohnwagen.

Von diesem Elend ahnte 1942 freilich keiner etwas. Nach einigen Wochen fröhlichen Lektorats erschien der Verleger eines Tages Anfang Juni aufgeräumt in meinem Büro. Er erkundigte sich, ob ich geneigt sei, während der Monate Juli und August seine Schwester in Berlin zu vertreten, die in der Kochstraße die Habbelsche Niederlassung leitete. Meine Schwester Maria könne mitkommen. Für Unterkünfte im Frauenbund-Wohnhaus in Berlin-Charlottenburg sei gesorgt.

Ohne mich zu besinnen, willigte ich ein; seit jeher übte Berlin eine magische Anziehungskraft aus auf mich, in erster Linie wohl wegen seiner preußischen, umstrittenen Geschichte. Das große Haus in der Wundtstraße gegenüber dem Lietzensee, in dem in zweijährigen Kursen Fürsorgerinnen ausgebildet wurden und in welchem nicht in der Stadt ansässige Teilnehmerinnen auch lebten, stand jetzt während der Sommerferien einigermaßen leer; einzig die Praktikantinnen hatten die Zimmer nicht geräumt. Mir wies man ein Zimmer im ersten Stock zu, meine Schwester Maria wohnte eine Etage höher.

Die Habbelsche Buchhandlung in der Kochstraße verfügte über einen beachtlichen, stabilen Kundenstamm; unter Berücksichtigung der geringen Anzahl von Neuerscheinungen war der Zuspruch im vierten Kriegsjahr

erstaunlich hoch. Käuferberatung, vor allem sich daraus
entwickelnde Gespräche schmeichelten mir sehr, wiewohl es sich empfahl, auf der Hut zu sein; unter den
vermeintlichen Interessenten befanden sich nämlich mit
Sicherheit Spitzel der Geheimen Staatspolizei, die profi-
lierten katholischen Unternehmen wie Habbel ohne
Zweifel besondere Sorgfalt widmeten. Der prominente-
ste Kunde, der sich lange mit mir unterhielt, ehe er sich
mir vorstellte, war der Berliner Bischof Graf Preysing.

Das Angebot an Veranstaltungen mannigfältigster Art
erwies sich, trotz des Krieges, als so umfänglich, daß ich
in den ersten Tagen häufig schwankte und zuletzt doch
eine schlechte Wahl traf. Mit einem Schlag jedoch wurde
Berlin für mich uninteressant. Ich konzentrierte mich
ausschließlich auf eine.

Es begann am zweiten Sonntag. Ich kniete neben Maria
in der Kapelle, um die heilige Messe mitzufeiern. Ich
blätterte, mehr aus Gewohnheit, im Gebetbuch, als meine Aufmerksamkeit abgelenkt wurde.

Ich schließe die Augen. Der Sonntagmorgen im Juli 1942
wird wieder in mir lebendig. Eine junge Dame schreitet
vorüber. Aufrechten Gangs. Schlank. Gesenkten Blicks.
Gertrud von le Forts Beschreibung der „Jungfrau von
Barby" fällt mir ein: „Adlig zusammengerafft". Vier Bänke vor uns nimmt sie Platz. Ungebeugt. Gesammelt. An-
dächtig folgt sie der Liturgie, leise betend oder laut mit
der Gemeinde.

Jenny aus dem „Sommerstück" mag erzählen, was ihr
einfällt; für mich besteht seit jenem Morgen nicht der geringste Zweifel, daß es Augenblicke gibt, „in denen der
Blitz einschlägt". Allerdings in diesem Falle einseitig. Von
dem nämlich, was sich vier Bänke hinter ihr in einem Sechs-
undzwanzigjährigen abspielte, hatte die fromme, junge
Dame nicht die leiseste Ahnung. Sie nahm deswegen
auch keine Notiz davon und erfuhr erst Wochen später
in einem Brief aus Regensburg, was vorgefallen war.

Ich hingegen war wie verwandelt und dachte nur noch an die Unbekannte, von der ich nicht einmal den Namen wußte. Eine gewisse Scheu hinderte mich, Nachforschungen anzustellen und Annäherungsversuche zu wagen. Vielleicht fürchtete ich, abgewiesen zu werden; die Verehrte erschien mir irgendwie unerreichbar. Wären wir unerwartet aufeinandergestoßen, ich hätte gestottert und keinen Satz auf die Beine gebracht.

Kann man es als Zufall bezeichnen, daß ich ein paar Tage später ihren Namen doch erfuhr? Als ich an diesem Abend, aus der Kochstraße heimgekehrt, über den Flur im ersten Stock mein Zimmer zu erreichen suchte, klingelte das Etagentelefon; die wenigsten Zimmer verfügten über einen eigenen Anschluß. Um nicht ungalant zu sein, hob ich ab. Eine weibliche Stimme fragte ziemlich energisch, ob ich so nett wäre, Helga York aus Breslau an den Apparat zu bitten. Auf meine Einlassung, mir sei keine Dame dieses Namens bekannt, nannte die Anruferin eine Zimmernummer. Ich vermochte ihren Wunsch jetzt zu erfüllen. Noch ahnte ich nichts. Der geneigte Leser weiß es längst. Helga York war der Name meiner heimlich Angebeteten.

Wer jetzt unterstellt, ich hätte die Chance genutzt und sie angesprochen, überschätzt meine Weltläufigkeit und meinen Mut. Sechs Jahre Ordensleben hatten Spuren hinterlassen. Es wäre allerdings unredlich zu verheimlichen, daß ich unerzogen und neugierig genug war, das durch mich möglich gewordene Telefonat von einem Versteck aus zu belauschen. Was die beiden aushandelten, ist mir entfallen; was dagegen die Lauscherei in mir anrichtete, ist haftengeblieben bis heute. Was Helga am Telefon von sich gab, klang so herzlich, so weltoffen und vernünftig, daß ich spürte, ich kam nie von ihr los. Ich liebte nicht nur eine begehrenswerte, sondern gleichzeitig eine kluge und ernsthafte Frau.

Dennoch verließ ich Berlin Ende August, ohne mich offenbart zu haben. Niemand hätte geglaubt, daß ich mich in Berlin verliebt hatte; niemand war ahnungsloser als Maria.

Ich selber fühlte mich meiner Sache von Tag zu Tag sicherer. Ich setzte auf die Wirkkraft meiner Briefe. Von Natur aus schüchtern, hatte ich eine Fertigkeit darin entwickelt, schriftlich zu formulieren, was mündlich zu sagen mir schwerfiel. Also setzte ich mich in Regensburg zuversichtlich hinter meine Schreibmaschine.

Während der Niederschrift fiel mir auf einmal eine Empfehlung ein, die ich direkt meinem Vater verdankte. Er hatte, wie bei ihm üblich, dem Sechzehnjährigen die Lektüre eines lebenskundlichen Büchleins verordnet, die pädagogische Erziehungshilfe leisten sollte, der er sich persönlich nicht gewachsen fühlte. Das Büchlein mit dem Titel „Katholischer Jüngling" warnte im dritten Abschnitt davor, die zukünftige Mutter seiner Kinder in der Kneipe oder auf dem Tanzboden zu suchen; vielmehr sollte man in der Kirche Ausschau halten. Wiewohl ich diesen Rat selber niemals ernstgenommen hatte, schien mir die Erinnerung an diese Passage wie ein Fingerzeig. Die Empfehlung des Autors paßte genau in unseren Fall, und ich beschloß, die Empfängerin des Briefes über den Zusammenhang zu informieren. Dann blieb ihr gar nichts übrig, als von meinen Ausführungen angetan zu sein. Dachte ich.

Wie mein Brief tatsächlich aufgenommen wurde, erzählte Helga mir erst Monate später, und erst nach beharrlichem Drängen. Zunächst vermochte sie sich auf den Briefschreiber, der während der Ferien auf dem gleichen Stock gewohnt haben wollte, nicht zu besinnen; selbst, daß er sie ans Etagentelefon gebeten hatte, hatte sie vergessen. Dann lenkte eine Kursgenossin ihre Aufmerksamkeit auf das vermeintliche Ehepaar, das damals beim Frühstück des öfteren ihre Heiterkeit erregt hatte. „Weißt du denn nicht mehr?" fragte sie, „der Mann mit den abstehenden Ohren." Helga erinnerte sich; jetzt fiel ihr auch wieder ein, wie sie die Dicke der „Brotrumpen" amüsiert hatte, die die Frau schnitt. Die Gäste hatten alles in allem nicht unbedingt einen überzeugenden Eindruck hinterlassen. Zum Schluß berichtete das Zimmermädchen auch noch, der Mann sei sehr liederlich gewesen; die verschriebenen Blätter habe er nur so zusammengeknüllt und in sämtliche Himmelsrichtungen verstreut.

Diese vernichtende Verurteilung legte nahe, den Brief zu ignorieren und sich mit dem Absender erst gar nicht einzulassen; die gutgemeinten Ratschläge der übrigen liefen jedenfalls einhellig darauf hinaus. Seriöse Mahnerinnen wie Annemarie Schütz aus Bamberg rieten, die Karriere nicht um eines Mannes willen aufs Spiel zu setzen. Anderen gefiel der Bewerber äußerlich nicht. Helga verdiene eine bessere Partie.

Was zuletzt den Ausschlag gab, die Anregungen in den Wind zu schlagen und den Brief doch zu beantworten, hätte Helga selber nicht anzugeben vermocht. Aber sie schrieb! Überglücklich hielt ich ihre ersten Zeilen in der Hand und antwortete postwendend. Zwei Tage später brachte mir der Postbote ihre zweite, weitaus offenherzigere Antwort. Von nun an schrieben wir täglich, einmal sie, einmal ich, ich weiter nach Berlin in die Wundtstraße, sie in den ersten Wochen nach Regensburg und ab 24. November nach Bonn, wo ich mich zwischenzeitlich an der Rheinischen Friedrich-Wilhelm-Universität hatte einschreiben lassen.

Wir beide, Helga und ich, besitzen die am Ende auf zwei dicke Schnellhefter angewachsene Korrespondenz bis auf den heutigen Tag. Sooft ich in ihr blättere, welche Seite ich auch aufschlage, ein unbeschreibbares Glücksgefühl durchströmt mich jedesmal. Helga empfindet nicht anders. Wir leben inzwischen ein halbes Jahrhundert zusammen, aber daß wir füreinander bestimmt waren, wußten wir, als wir nur schriftlich in Verbindung standen und unsere erste persönliche Begegnung, die für Januar 1943 vereinbart war, noch gar nicht stattgefunden hatte. Bis dahin mußten wir uns in Geduld üben.

Vorher galt es, eine weitreichende Entscheidung zu treffen. Es handelte sich um meinen Beruf, den ich jetzt, in Hinblick auf Helga, noch sorgfältiger bedenken mußte. Auf der einen Seite empfahl es sich natürlich, weiterhin möglichst geringes Aufsehen zu erregen und in der Versenkung zu verharren. Andererseits brachte es nichts, bis Kriegsende in Regensburg den Lückenbüßer zu spielen. Zwar hatte sich das Kriegsglück deutlich verschoben; in Stalingrad zeichnete sich eine Katastrophe ab, feindliche Flieger tauchten immer regelmäßiger auf und warfen Deutschland in Trümmer. Dennoch war die Dauer des Krieges in keiner Weise abschätzbar.

Nach langem Abwägen entschloß ich mich, die Bedenken hintanzustellen, obwohl Dr. Habbel mich gerne bei sich behalten hätte. Ich wählte Bonn zum Studienort, weil meine Schwester Maria ebenfalls dort studierte.

Ich kam mit gemischten Gefühlen. Gehalten, jeden Wechsel nicht bloß dem zivilen Meldeamt, sondern auch dem Wehrbezirkskommando anzuzeigen, argwöhnte ich nicht unbegründet, meine extravagante Situation könne irgend jemandem auffallen und Nachforschungen ingangsetzen. Allein jede Peinlichkeit blieb mir erspart. In der Universität erlebte ich sogar zwei angenehme Überraschungen; Kriegsteilnehmern wurden nicht nur die Studiengebühren gestrichen, sie erhielten außerdem eine finanzielle Sonderförderung. Auch hier wußte die Linke bei den Nazis wieder nicht, was die Rechte tat. Ich hatte Anspruch auf sage und schreibe monatlich einhundertdreißig Mark; die Zahlungen wurden korrekt geleistet, die letzte noch im März 1945 von der Universität in Wien.

Die Germanistik lag mir sehr, und ich fühlte mich alles

in allem in Bonn durchaus wohl. Nur wenn ich an Dr. Leni Stausberg dachte, beschlich mich ein mulmiges Gefühl. Nicht, weil sie, die wissenschaftliche Assistentin des Germanistikprofessors Obenauer, über einen erstaunlichen Einfluß verfügte; daß der Professor gleichzeitig SS-Obergruppenführer war, berührte mich auch nicht unmittelbar. Was mir Kopfschmerzen verursachte, war ihre Beziehung zu meinem ehemaligen Kompaniekameraden Hanns Asbeck aus Hagen. Die beiden hatten sich nämlich während seines Studienurlaubs im vergangenen Jahr ineinander verliebt und waren verlobt.

Hanns und ich hatten den Frankreich-Feldzug und die Besatzerzeit in Südfrankreich zusammen erlebt und waren Freunde geworden. Begeistert hatte er mir, als noch keine Rede davon war, daß ich je in Bonn studieren würde, von seiner Braut und von ihrer Verlobung erzählt. Dabei hatte er mir auch anvertraut, daß Leni Stausberg nicht ausschließlich als wissenschaftliche Assistentin, sondern in Obenauers Auftrag überdies für die Geheime Staatspolizei arbeitete. Beispielsweise hatte sie Monate hindurch sämtliche ihr erreichbaren Aufführungen des Films „Ich klage an" mit Heidemarie Hatheyer besuchen und die Kinogänger anschließend in ein Gespräch darüber verwickeln müssen. „Ich klage an", Thema: Euthanasie, war auf Befehl des Propagandaministers Dr. Josef Goebbels gedreht worden, um die Volksmeinung zu erkunden. Wegen der Massentötung sogenannter „Erbkranker" gärte es nämlich in der Bevölkerung, nicht zuletzt aufgrund der flammenden Predigten des Münsteraner Bischofs Graf Galen. Mußte um Leni Stausbergs willen meine Freundschaft mit Hanns Asbeck Schaden leiden?

Ich beabsichtige nicht, sie zu verurteilen. Man vermag sich heute kaum vorzustellen, in welche Gewissensnöte Abhängige damals gerieten, wie aussichtslos es war, dem geschickt geflochtenen Netzwerk zu entschlüpfen. Ich möchte allerdings die Abgebrühtheit der damals Mächtigen ausdrücklich brandmarken, mit der sie Untergebene in ihre Machenschaften ungerührt einbezogen.

Trotz meiner Zurückhaltung wird man mir nachfühlen, daß ich es nicht darauf anlegte, Obenauers Helferin über den Weg zu laufen. Es konnte ihr ja nicht gleichgültig sein, daß ihr Verlobter an der Front sein Leben aufs Spiel setzte und ich, sein Kompaniekamerad, unangefochten studierte. Hanns hatte mir alles über sie anvertraut, umgekehrt wußte sie über mich genau Bescheid. Es bedurfte schon eines gerüttelten Maßes von Seelengröße, eine derartige Ungereimtheit, ja ein so offenkundiges Ungleichgewicht schweigend hinzunehmen.

Dennoch war es bei der Enge der Universitätsstadt am Rhein nur eine Frage der Zeit, wann wir beide aufeinandertrafen. Als es geschah, sprach sie mich so unvoreingenommen und aufgeräumt an, daß ich mich meines Mißtrauens schämte. Sie hätte mich mühelos aus der Bahn werfen können; ich blieb ungeschoren. Sie war also großmütig genug, der menschlichen Seite, meiner Freundschaft mit Hanns, Vorrang einzuräumen.

Ich habe Bonn ein halbes Jahr später verlassen. Als Hanns, inzwischen mit ihr verheiratet, 1944 in Rußland fiel, erwiderte sie mein Beileidsschreiben so gefaßt, daß ich sie bewunderte. Sie selber starb 1949. Ich denke, sie war ihrer Lebensenttäuschung nicht gewachsen. Für mich sind Hanns und Leni Asbeck Repräsentanten einer irregeleiteten und hintergangenen Generation.

Es wurde Januar. Das Jahr 1943. Stürzte gerade dieses Jahr Unzählige in tiefes Leid, halte ich es für das glücklichste meines Lebens. In Stalingrad kapitulierte die Paulus-Armee, von Hitler dilettantisch geopfert; neunzigtausend Überlebende gingen in eine lange, qualvolle, mörderische Gefangenschaft. Am Tag, an dem die Übergabe stattfand, holte ich Helga York auf dem Hauptbahnhof in Köln ab.

Sie stand in der offenen Abteiltür, nach mir Ausschau haltend, die Lippen leicht voneinanderhebend, als sie meiner ansichtig wurde. Mich faszinierte ihre schwarze, auffällig breitrandige, tief in die Stirn reichende Kopfbedeckung. Mir schien, diese verleihe meiner Besucherin etwas Erhabenes; jedenfalls versank ich für eine Weile in kleinbürgerliche Verstummung. Später berichtete sie, der Hut habe bei Wertheim in Breslau fünf Mark gekostet. Erst im Dom taute ich auf. Am folgenden Tag fuhren wir von Bonn mit der Siebengebirgsbahn nach Honnef und erstiegen den Ölberg. Wir erlebten einen jener Wolkentage, wie sie in einem strahlenden Vorfrühling häufiger sind. Und was für einen Vorfrühling hielt der Himmel ausgerechnet in diesem Jahr für uns bereit! Oben huschten Wolkenfetzen an uns vorbei, weißgrau, und formten neue, bizarre Figuren. Über die sich stetig drehenden Ränder blinzelte die Sonne. Über dem Strom weiteten sich ungeheure Flächen von undurchdringlichem Blau. Auf der Rückfahrt freute sich Helga über die schmucken Dörfer zwischen Fluß und Bahn. Von Krieg nichts zu spüren. War hier die Zeit stehengeblieben?

Ich muß mich zwingen, innezuhalten. Wohin käme ich mit der Ausbreitung meiner Gefühle? Mit Helga lernte ich das Leben kennen. Großartiges wurde uns zuteil. Wir zehren bis heute ungeschmälert davon.

In den Osterferien besuchten wir Breslau. Helga stellte mir die Eltern und ihre beiden Schwestern vor. Ein unvergeßliches Hochamt in Sankt Matthias, der prächtigen, alten Jesuitenkirche. Mit dem Pfarrherrn Josef Schönauer, der nach seiner Ausweisung 1947 nach Thüringen ging und in Meiningen als Pfarrer, Dekan und als Bischöflicher Generalvikar wirkte. Helgas Freundinnen aus der Marianischen Kongregation freuten sich über das Wiedersehen.

Am Peter-und-Paul-Tag trafen wir uns zum dritten Mal, wieder in Köln. Da wir die Sommerferien gemeinsam verbringen wollten, beschlossen wir, Helgas Praktikum und meinen vorgeschriebenen studentischen Feriendienst nach Möglichkeit in derselben Stadt abzuleisten.

Aber wir hatten die Rechnung ohne den Wirt gemacht. Helgas Einsatzort stand seit Monaten fest; er war von der Sozialen Frauenschule in Berlin mit der Firma Siemens im thüringischen Arnstadt vereinbart worden. Deswegen wollte auch ich zu dieser Firma. Allein das zuständige Studentenwerk Bonn lehnte meinen Antrag rundweg ab und verordnete mir eine Kugellagerfabrik in Beuel.

Als ich samstags nach Arnstadt fuhr, waren mir sämtliche Felle weggeschwommen; natürlich paßte die Entwicklung der Dinge auch Helga nicht. Trübselig saßen wir am Samstagabend am Waldrand über Arnstadt, das warme Sommerwetter hatte uns herausgelockt. Ich war mehr als niedergeschlagen. Ich neige zu Pessimismus. Anstatt Frieden zu geben, quäle ich andere mit Weltuntergangsparolen. „Ich weiß schon, was passiert", unkte ich, „wenn ich morgen abend zurückfahre, sehen wir uns niemals wieder." Bei aller Schwarzseherei, völlig abwegig war diese Prognose angesichts des Krieges nicht.

Helga, sehr nachdenklich, hatte sich bislang kaum geäußert. Ausfälle dieser Art hatte sie bei mir natürlich noch nicht erlebt. Mit einem Schlage wurde es ihr zuviel. „Wir trennen uns nicht", erklärte sie mit Nachdruck, „ich begleite dich morgen abend nach Bonn."

Ich schaute sie entgeistert an. Zum ersten Mal nahm sie die Fäden in die Hand. Ähnlich hat es sich später noch ein paarmal abgespielt. Ich werde nämlich in Krisen zu rasch mutlos und werfe die Flinte ins Korn. In solchen Fällen übernimmt sie unauffällig die Führung, bleibt besonnen, erwägt und findet Auswege; durch ihre Entschlossenheit weckt sie manchmal noch Hoffnung, wo es an sich kaum Hoffnung gibt. „Was willst du in Bonn?" erkundigte ich mich, „du bildest dir doch hoffentlich nicht ein, die Entscheidung des Studentenwerks durch deinen Auftritt rückgängig machen zu können."

Helga wird nie übermütig, dennoch steckt ihr unverwüstlicher Optimismus jedesmal aufs neue an. „Wir werden sehen", erwiderte sie, ohne die Stimme zu heben, „man darf nichts unversucht lassen." Obgleich meine Skepsis Überhand behielt, für gänzlich aussichtslos hielt ich die Sache nicht mehr.

Freifrau Elisabeth von Zitzewitz war Betriebsfürsorgerin bei Siemens und Helgas wohlwollende Betreuerin; ihre Erlaubnis für einen freien Montag wurde telefonisch eingeholt. Auf der Reise nach Bonn verhielten wir uns mehr als schweigsam. Jeder hing seinen Gedanken nach.

Plötzlich sehe ich mich wie 1943 wieder auf der Endenicher Straße in Bonn mit klopfendem Herzen auf- und abspazieren. Aussichtslos, durch die Fenstervorhänge des Studentenwerks zu lugen. Es schien mir eine Ewigkeit. Antwortsuchende, Bittsteller kamen und gingen zuhauf. Endlich Helga. Mit undurchdringlichem Gesicht stieg sie langsam die Treppe herunter. „Komm", flüsterte sie und suchte meine Hand, „es ist erreicht."

Bis heute kann niemand glaubwürdig erklären, warum solcherart Ungereimtheiten im Dritten Reich möglich waren, bei der Überorganisation, überdies in der Schlußphase des Krieges. Es war alles ohne Hektik verlaufen. Als sie nach langem Warten in der Schlange an die Reihe kam, legte sie ihren Betriebsausweis von Siemens vor. Die Selbstverständlichkeit, mit der sie auftrat, die Bestimmtheit, mit der sie das Anliegen der Firmenleitung kundtat, mich nicht nach Beuel, sondern nach Arnstadt zu beordern, wirkten. Ohne Erstaunen zu zeigen, ohne nachzufragen, entsprach die Sachbearbeiterin dem Wunsch. Für sie eine alltägliche, unbesondere Gefälligkeit. Für Helga und mich vielleicht jedoch lebensentscheidend.

Personalchef Radtke bei Siemens war, verglichen mit der

Dame im Studentenwerk, das Entgegenkommen persönlich, selbstverständlich konnte ich in seinem Werk meinen sechswöchigen studentischen Einsatz ableisten. Wenn mich freilich jemand nach der Effektivität meiner Tätigkeit in der Registratur fragt, muß ich lachen oder den Kopf schütteln. Ich hockte da und erledigte Schreibarbeiten, die für einen Tag gedacht, indes in einer halben Stunde zu erledigen waren. Die restliche Zeit unterhielt ich mich mit dem zwangsverpflichteten tschechischen Studenten Jan Veroy oder verfaßte Gedichte. So war das in Nazi-Deutschland. Die einen schufteten sich buchstäblich zu Tode, anderswo drosch man leeres Stroh. Mag man mich schelten, daß ich die Gelegenheit bedenkenlos nutzte; ich hatte weder diese Regierung noch diesen Krieg gewünscht.

Unserem Glück stand dieser würdelose Zustand nicht im Wege. Uns waren selige Wochen beschieden. Thüringen, grünes Herz Deutschlands! Allerdings wären wir ziemlich überall in der Welt ähnlich glücklich gewesen und hätten von Tag zu Tag deutlicher gemerkt, daß wir nach diesen Wochen Arnstadt nie wieder auseinandergehen konnten.

Dabei machten wir es uns nicht leicht. Wir befragten uns, ob es verantwortbar war, in diesem Stadium eine Ehe zu schließen. Helga brach eine aussichtsreiche Ausbildung mittendrin ab, gegen den ausdrücklichen Rat von Lehrerinnen und Kursgenossinen; von mir ganz zu schweigen, denn abgesehen davon, daß ich soeben erst ein Studium aufgenommen hatte, bedrohte mich täglich eine neuerliche Einberufung oder Schlimmeres. Und überhaupt: Wovon wollten wir leben?

Wir schlugen sämtliche Einwände in den Wind. Für uns stand lediglich eins fest: Wir wollten zusammenbleiben und nie wieder getrennt werden! Wenn ich mir heute vor Augen führe, wie wenig zugänglich wir waren, wie wir mit dem Kopf durch die Wand wollten! Ich brauche mir bloß auszumalen, wie ich lamentiert hätte, wäre eines meiner vier Kinder auch so widerspenstig gewesen und hätte eine Heirat unter solchen Voraussetzungen erzwungen; ich wäre todunglücklich geworden.

Aber ich denke, Vergleiche verbieten sich. Wir befanden uns in einer Lebenslage, wie sie sich niemals wiederholt. Wer unsere Beweggründe verstehen will, muß die gegebenen Verhältnisse berücksichtigen. Haben die nachfolgenden fünfzig Jahre unsere Entscheidung nicht bestätigt?

Blieb die Frage, wie wir als Eheleute über die Runden kamen; irgendwoher mußten Einkünfte fließen. Zum zweiten Mal half Dr. Josef Habbel in Regensburg. Allerdings wurde es in etwa ein Geschäft auf Gegenseitigkeit. Habbels Schwester Loni, bisher Repräsentantin des Verlages im ehemaligen Österreich, wollte nicht in Wien bleiben; wegen einer Schwangerschaft, aber auch wegen der sich verschärfenden Gesamtsituation wollte sie die Stelle aufgeben und zu ihren Geschwistern ziehen. Bei unserem Wochenendbesuch in Regensburg wurde vereinbart, daß Helga ihre Tätigkeit übernahm und ich mein Studium fortsetzte. Damit stand einer Trauung Anfang Oktober nichts mehr im Wege.

Standesamtlich heirateten wir am 2. Oktober in Arnstadt unter dem Bild des „Führers"; als Hochzeitsgeschenk bekamen wir sein Buch „Mein Kampf". Lächerlich die Ansprache des Standesbeamten, der uns, in Kreisleiter-Uniform, mit dem „goldenen" Ehrenzeichen dekoriert, nahelegte, „Stammeltern eines großen Geschlechtes" zu werden. Als Trauzeugen fungierten unsere Mütter.

Zur kirchlichen Trauung hatten wir den Erfurter Dom auserkoren. In den verflossenen Wochen waren wir häufiger nach Erfurt gefahren und hatten die herrliche Kirche liebgewonnen. Obwohl die unersetzlichsten Kunstschätze aus Sicherheitsgründen ausgelagert waren, reichten uns die verbliebenen Kostbarkeiten. Mit Ehrfurcht stiegen wir jedesmal die hohe Treppe zum Gotteshaus hinauf. Ergriffen hatte ich ihm ein Gedicht gewidmet:

DER DOM ZU ERFURT

Steinerner Jubel ins Licht
Die Schwere fällt
Ist über den Graden nicht
Der Himmel erhellt?

Kavaten tragen im Grund
Krypta und Chor
Hoher Gewölbe Rund
Triangel und Tor

Schwingende Bögen in Blau
Marmorgerank
Über dem Eingang die Frau
Blüht adlig und schlank

Grün stehen Türme im Glanz
Hellen Geläuts
Ein Engel lichten Gewands
Der Heiland am Kreuz

Der Domhof liegt flimmernd im Brand
Flutüberschäumt
O du gesegnetes Land!
Die Domlinde träumt

Der Raum voll Spätsommerschein
Orgelgebraus
Im Meßkelch wandelt sich Wein
Ein Strahlen fließt aus

Steinerner Jubel ins Licht
Schwere wird leicht
Ist über allem nicht
Gottes Geleucht?

Um die Trauungsmesse würdig zu gestalten, hatte Helga sich als Zelebranten einen ihr bekannten Salvatorianer aus Berlin erbeten, Pater Chrysologus Spellucci SDS; er hatte sie durch mehrere Predigten begeistert. Als er die Stola über uns breitete und wir die Ringe tauschten, sang unser Herz. Trauzeugen im Dom waren Dr. Josef Habbel und Freifrau Elisabeth von Zitzewitz.

Nicht einmal auf ein angemessenes Hochzeitsmahl mußten wir verzichten, so mühsam das Arrangement sich auch anließ; man darf nicht vergessen, Lebensmittel gab es ausschließlich auf Essensmarken, und die Zuteilungsrationen fielen 1943 bereits dürftig aus. Hinzu kam, daß wir in Erfurt fremd waren; üblicherweise griffen bei solchen Gelegenheiten Verwandte und Bekannte kräftig unter die Arme. Aber etwas wollten wir unseren Gästen auch in dieser erbärmlichen Zeit bieten.

Wie immer ließ Helga sich nicht entmutigen. Und siehe da! Bereits bei der ersten Anlaufstelle, einem Weinlokal in der Nähe des Domes, stieß sie auf Verständnis. Es war schon bewegend, das Stichwort „Kriegstrauung" erweichte die Gemüter, wiewohl der Begriff in meinem Falle ja nur mit Vorbehalten anwendbar war. In Anbetracht der Verhältnisse fiel das Menu nahezu überwältigend aus. Ohne Abgabe von Marken! Der nach eigenen Aussagen „ausgehungerte" Habbel erging sich unentwegt in Lobpreisungen ob der unerwarteten Köstlichkeiten.

Für bislang zu kurz gekommene Heiterkeit sorgte unbeabsichtigt beim Nachmittagskaffee im Hause Richter Pater Spellucci; hier in der Ohrdrufer Straße hatte ich während meiner Tätigkeit bei Siemens gewohnt. Das mehr als bescheidene, stets hilfsbereite Ehepaar hatte auf der Ausrichtung sowohl des Kaffees wie des Abendessens bestanden; bei ihrem Konditor hatten sie eine einmalig prächtige Torte fertigen lassen.

Als nun Frau Richter, sichtlich stolz, mit dieser Torte hereinspazierte und ein allgemeines Ah! und Oh! er-

klang, kam dem quirligen Pater, dem Sproß eines Italie-
ners und einer Deutschen, in den Sinn, der Gastgeberin
den Kuchen aus den Händen zu nehmen und selber zu
servieren. Er hatte seine Jongleurkünste gewaltig überschätzt. Unversehens entwand sich die Torte seinem
Griff, tanzte kurz in der Luft und landete schließlich
kopfüber auf dem Tisch. Die kunstvolle Verzierung war
hin, Chrysologus untröstlich, des Gelächters lange kein
Ende.

Noch in der Nacht reiste der Salvatorianer weiter nach
Rom. Helgas Angebot, ihm einige belegte Brote als Pro-
viant mitzugeben, gefiel ihm sehr; allerdings bat er ver-
schämt darum, keinen Käse zu nehmen. Er möchte Mit-
reisende nicht durch allzu auffällige Gerüchte belästigen.
Sein Mitgefühl für andere in Ehren! Er war halt auch
ziemlich eitel und von sich eingenommen. Wer wird Helga verdenken, daß sie ihm besonders duftende Brote mit
Limburger einpackte?

Leider ist es uns nicht gelungen, herauszufinden, wie er
die harmlose Bosheit aufnahm. Mit Absicht hat Helga
ihn nie danach gefragt. Wir haben ihn nämlich nach dem
Kriege mehrere Male besucht. Nach Rom versetzt,
wohnte er im Mutterhaus der Salvatorianer an der Via
della Conciliazione, wenige Schritte vom Petersplatz entfernt. In der Zeit des Pontifikates Pauls VI. übersetzte er
sämtliche Papstansprachen ins Deutsche. Gefragt waren
auch seine Dom-Führungen; sein Rombuch erlebte bisher über dreißig Auflagen. Helga und ich erinnern uns
besonders dankbar an einen mehrstündigen Gang durch
die Innenräume des Vatikans, wie er wohl nur wenigen
ermöglicht wird.

Dr. Habbel sorgte kurz nach dem mißlungenen Jongleur-
akt Spelluccis ebenfalls für eine Aufmunterung, wenn
auch für eine mit etwas makabrem Hintergrund. Nur
ein- oder zweimal hatten wir in Arnstadt Fliegeralarm erlebt, ausgerechnet an unserem Hochzeitstag flog am spä-

ten Nachmittag ein britisches Kommando in den Raum Erfurt ein. Es blieb zwar auch diesmal beim bloßen Alarm; allein die schrecklichen Sirenen versetzten den Verleger in eine derartige Panik, daß er schreckensbleich hochfuhr und in den Luftschutzkeller wollte. „Ich bin neunköpfiger Familienvater", schrie er; ob aus purer Angst oder ob es untermischt war mit einer gewissen Ironie, vermochte ich nicht zu unterscheiden. Natürlich verfügte das kleine Haus Richter nicht über einen Keller; ich fürchte, ganz Arnstadt war in dieser Beziehung unterversorgt. Der Schreck saß dem Bayern noch im Nakken, als wir längst zur Tagesordnung zurückgekehrt waren.

Die Hochzeitsgäste waren abgereist. Wir fühlten uns plötzlich einsam in Arnstadt. Nach der Abwicklung letzter Formalitäten genehmigten wir uns, vor der endgültigen Übersiedlung nach Wien, eine Art Hochzeitsreise quer durch Deutschland.

Ab November 1943 Wien. Bis zum April 1945. Runde achtzehn Monate. Götterdämmerung für das Dritte Reich. Erste Station für ein frischvermähltes Ehepaar.

Für Geschichte aufgeschlossen, empfand ich, wie für die Hauptstadt der Hohenzollern, ursprünglich auch für die Habsburger und ihre Metropole große Sympathie; wahrscheinlich war sie zu emotional, auf jeden Fall zu undifferenziert. Je tiefer ich in die Geschichte des Vielvölkerstaates eindrang, je mehr ich von den Auswirkungen des Zusammenbruchs 1918 erfuhr, desto deutlicher wuchsen meine Vorbehalte. Zuletzt hatte mich die Zustimmung zum deutschen Einmarsch im März 1938 entsetzt. Noch am Tag meiner Ankunft wanderte ich vom Stefansplatz zum Burgring und blickte hinüber zum Heldenplatz. An historischer Stätte hatte ein Demagoge seine Landsleute hochgeputscht; hier hatten sie ihm zugejubelt. Zugegeben, es war nur die Hälfte der Bevölkerung; immerhin. 1943 war die Euphorie verflogen und hatte dem sogenannten Wiener Schmäh weitgehend Platz gemacht. Man ließ uns die „Reichsdeutschen" spüren. Wenn wir einen Straßenbahnwagen bestiegen, versperrten die Fahrgäste den Eingang. Einer rief „Piefke", ein zweiter „Marmeladinger". Vielleicht wurden wir deswegen nicht völlig heimisch in der Stadt.

Aber das war, wie gesagt, nur die eine Hälfte. Wir lernten das andere Österreich kennen. In der Mansarde über der Habbelschen Buchhandlung am Durchgang zum Stefansplatz heimelig eingerichtet, begegneten wir in dieser Wohnlage wenig Leuten, die den Nationalsozialisten die Stange hielten. Einige nahmen kein Blatt vor den Mund; die Mehrzahl öffnete sich erst, wenn sie unserer sicher war, und auch dann zumeist nur hinter vorgehaltener Hand.

Zum Beispiel unsere Reinemachefrau Franziska Haidinger. Sie half dreimal in der Woche aus. Loni war von ihr jeweils mit dem neuesten Tratsch versehen worden. Bis man ihren Sohn verhaftete, obgleich er der SA angehörte. Man hatte ihn beim Abhören der deutschsprachigen Sendung der BBC erwischt. Seitdem tuschelte Frau Haidinger unter dem Siegel des Beichtgeheimnisses.

Oder Frau Bailer. Meine Schwester wohnte bei ihr. Sie vermietete erst, wie sie glaubhaft versicherte, seit ihr Mann, höherer Magistratsbeamter, verblichen war. Gott hab ihn selig. Fast an jedem Abend kochte sie für das „gnädige Fräulein" eine neue kulinarische „Sensation".

Hausbesorger Urbatus, ein kleiner, gedrungener Mann; er betreute das gesamte Haus mit sieben Stockwerken. Man habe ihn ausgequetscht, gestand er nach ein paar Wochen, alles über mich habe man wissen wollen. Ich könne mich auf ihn verlassen. Er habe mir das beste Zeugnis ausgestellt.

Oder Dechant Neidl aus Groß-Enzersdorf. Er wollte zwanzig Gebetbücher kaufen. Als erstes packte er einen ansehnlichen Batzen Topfen aus, eigentlich der vormaligen Ladeninhaberin Loni zugedacht; als Helga unsere Geschichte zum besten gab, lud er uns nach Enzersdorf ein. Ich sehe uns beide noch vor dem Bahnhofsgebäude stehen und höre eine ältere, dickliche Frau rufen: „Herr Buchbinder! Herr Buchbinder!" Bis Helga darauf kam, es könne der erwartete Buchhändler gemeint sein. So hatte man uns lange nicht mehr abgespeist wie im Pfarrhof des Dechant Neidl; ich brach schier zusammen unter der Last des Koffers, der mit Essenswaren der erlesensten Art gefüllt war.

Das Viereck zwischen den beiden Durchgängen zum Stefansplatz und zur Wollzeile. Hier betete Kardinal Innitzer an trockenen Tagen zuweilen sein Brevier. Ein biederer geistlicher Herr, der vorbeikommende Kinder anzusprechen beliebte, unauffällig wie ein älterer Landpastor. Warum hatte dieser Mann Hitler bloß ein Ergebenheitstelegramm geschickt?

Auf eine derartige Idee wäre Prälat Fried mit Sicherheit nie gekommen. Jetzt war er ein gebrochener Mann. Obwohl er oben im sechsten Stock wohnte, bekamen wir ihn nur bei Fliegeralarm zu Gesicht. Während unseres Aufenthaltes drangen feindliche Bomber nur tagsüber aus Sizilien bis Wien vor, fast ausschließlich um die Mittagszeit. In sich eingesunken, hockte der Prälat in einer Ecke des weiträumigen Kellers; sprach man ihn an, antwortete er nur das Notwendige. Es hieß, er sei lediglich seiner fortgeschrittenen Tuberkulose wegen aus dem KZ Dachau entlassen worden, mit der Auflage, über das Erlebte Stillschweigen zu bewahren. Mit allzu Redseligen hatte es noch nie ein gutes Ende genommen.

Wenn Hofrat Dr. Dr. Hefel aus dem dritten Stock niemanden zur Hand hatte und ich anwesend war, half ich ihm, seine gelähmte Frau hinunterzutragen. Der Berufsdiplomat hatte zu den Beratern des von den Nazis ermordeten Bundeskanzlers Engelbert Dollfuß gehört. Besonders freuten wir uns, wenn der Dichter Rudolf

Henz kam. Ich hatte mich vor längerer Zeit an den Verfasser der „Döblinger Hymnen" und des „Wächterspiels" gewandt und ihm ein paar eigene Gedichte geschickt; wie er seinerzeit antwortete, beneidete er mich um meinen volksliedhaften Ton.

Nun standen wir uns in der Habbelschen Buchhandlung am Stefansplatz zum ersten Mal persönlich gegenüber. Wer hält es heute noch für möglich, daß ihm, dem Österreicher, für seine drei im Kriege veröffentlichten Romane mehr Papier zugestanden wurde als sämtlichen reichsdeutschen Autoren zusammen? Wieder einmal wußte die Linke nicht, was die Rechte tat! Nebenher kümmerte sich der Dichter offiziell um die Auslagerung gefährdeter wertvoller sakraler Fenster; auf den Sinn und Widersinn solcher Bergungen ging er 1979 in seinem Roman „Wohin mit den Scherben?" sehr kritisch ein. Sooft ihn Aufträge in die Innenstadt führten, versäumte er es nicht, uns aufzusuchen. Manchmal las er uns aus seiner gerade entstehenden „Kleinen Apokalypse" vor. Längst war ich entschlossen, mich in meiner Dissertation mit ihm und seinem Werk auseinanderzusetzen.

Darüber mußte ich in der Universität mit dem zuständigen Professor Josef Nadler sprechen. Bewußt erwähnte ich in der ersten Besprechung den Namen Habbel. Denn Nadler hatte die beiden ersten Auflagen seiner „Literaturgeschichte der deutschen Stämme und Landschaften" in Regensburg herausgebracht; die dritte, viel aufwendiger ausgestattete Auflage war hingegen im Berliner Propyläenverlag erschienen, dem „arisierten" früheren Ullsteinverlag. Dr. Habbel argwöhnte, daß bei dem Verlagswechsel die Nazis die Hand im Spiel gehabt hatten. Tatsächlich mußte der Ansatz Nadlers, Literatur nicht wie bisher chronologisch, sondern unter landsmannschaftlichen Gesichtspunkten unter die Lupe zu nehmen, die Nazis reizen. Das Völkische stand im Mittelpunkt ihres Weltbildes. Habbels Mutmaßung erhärtete sich angesichts der Beförderung seines bisherigen Autors. Nadler fiel nämlich unerwartet „die Treppe hinauf"; anstelle des zweitrangigen germanistischen Lehrstuhls in Prag bot man ihm den in Wien an. Es bestand kein Zweifel, man hatte ihn abgeworben. Warum hätte er auf die Vorteile auch verzichten sollen? Die Frage war nur, ob er um seines Vorankommens willen die Seele verkauft hatte.

Ich glaube nein. Als ich dem etwas untersetzten, jovial lächelnden, insgesamt undurchdringlichen Sudetendeutschen zum ersten Mal gegenübersaß und den Namen Habbel nannte, wurde er nicht etwa verlegen; er nahm die Grüße entgegen und grüßte zurück. Aber wäre er wirklich Nazi geworden, er hätte sich nie mit meinem Vorschlag einverstanden erklärt, meine Dissertation über Rudolf Henz zu schreiben. Dafür war Henz viel zu profiliert. Nadler begrüßte meine Idee ausdrücklich und unterstützte mich bei der Niederschrift mit Rat und Tat.

Hatte sein literarisches Konzept nicht dennoch etwas gemein mit den nationalsozialistischen Gedanken? Mir scheint diese Annahme schon allein deswegen unberechtigt zu sein, weil Nadler mit Habbel längst einig war, als die Nazis mit ihren Thesen an die Öffentlichkeit traten.

Trotzdem war der Wissenschaftler ein zwiegesichtiger Mann. Bei allem Entgegenkommen war er im Kern unerreichbar. Sicher ein engagierter und begabter Germanist. Doch immer ein paar Fuß über der Erde schwebend. Mich bedrückt eine unvergeßliche Erinnerung. Am Ostermontag wollte ich mich von ihm verabschieden; sicher war es ein Feiertag, zudem Morgen. Allein die Verhältnisse ließen mir keine Wahl. Anfänglich war er unwirsch, weil ich ihn an Ostern und so früh belästigte, plötzlich wünschte er zu wissen, warum ich es so eilig hätte. Ich fragte ihn, ob ihm entgangen sei, daß russische Truppen kurz vor Wiener-Neustadt stünden. Er lächelte mild-nachsichtig. „Fallen doch nicht auch Sie auf die

Greuelpropaganda herein." Am selben Abend stürmten Sowjetsoldaten ein paar Häuser in der Bannmeile.

An der Dissertation schrieb ich meist nur nachts. Beim Schreiben erfaßten mich zunehmend Ruhe und Ausgeglichenheit. „Ich kann nicht mehr verlorengehn." Diese Zeile aus den „Döblinger Hymnen" ging mir nicht aus dem Kopf.

Zur Universität wählte ich nie die gleiche Route. Ich spazierte beispielsweise durch den Graben zwischen Palais Kinsky und Palais Harrach hindurch zum Schottenring. Oder ich passierte den Ballhausplatz mit dem Bundeskanzleramt und die Spanische Hofreitschule. Besonders beeindruckt betrat ich jeweils die Kapuzinerkirche; in ihr stehen die Särge aller Habsburger. Selbst den Umweg über die Kärntner Straße, am Opernhaus vorbei, nahm ich in Kauf.

Einmal noch geriet ich in eine Lage, die leicht den Abbruch des Studiums zur Folge hätte haben können. Im Januar ließ der Standortkommandant sämtliche in Wien gemeldeten Männer nachmustern. Hinter länglichen, aus klobigem Holz gefertigten Tischen hockten die Kontrolleure, Ärzte, Sanitätspersonal und Schreibkräfte; an ihnen wälzten sich die Vorgeladenen vorbei, ältere und jüngere, kräftige und gezeichnete, verängstigte und aufgebrachte. Inmitten der Menge wurde ich mit vorangeschoben. Wie würde man meinen besonderen Status behandeln?

Keiner der vor mir Abgefertigten, der sich nicht mit mehr oder weniger triftigen Ausreden loszueisen trachtete! Ich gewann den Eindruck, die Mienen der Untersuchenden wurden angesichts des unübersehbaren Widerwillens immer mürrischer. Um so erwartungsfreudiger nickte der Oberstabsarzt mir zu. „Sie sind also kerngesund", meinte er leutselig. „Dann haben Sie nichts dagegen, Soldat zu werden?"

„Ich von mir aus nicht", beeilte ich mich zu versichern,

bemüht, gelassen zu erscheinen. „Sofern Sie nichts dagegen haben", fügte ich leiser hinzu.

„Ich? Wieso ich?" Er blickte erstaunt auf, bereits mit entsprechenden Eintragungen befaßt.

„Ich wurde 1941 aufgrund des Jesuitenparagraphen aus der Wehrmacht entfernt."

Mit der Reaktion der Kommission hatte ich mich zwar in den Tagen vorher schon weidlich beschäftigt, das tatsächliche Ergebnis übertraf jedoch die kühnsten Vorstellungen. Beschwörerisch riß der Arzt die Arme hoch, wie vor einem Aussätzigen, von dem er eine Ansteckung befürchten muß. „Warum haben Sie das nicht gleich gesagt?" stotterte er. „Ihnen ist doch genau bekannt, daß Sie nicht in Frage kommen."

Auf dem Heimweg vermochte ich mein Gleichgewicht nur allmählich wiederherzustellen. Helga würde jubilieren. Allein wer fühlt sich wohl in der Rolle eines Aussätzigen? Je mehr ich mich allerdings dem Stefansplatz näherte, desto dankbarer wurde ich für eine so wirkungsvolle Art von „Aussatz".

Wenn man zusammenträgt, wie vielerlei Gefährdungen wir während der achtzehn Wiener Monate ausgesetzt waren, könnte man annehmen, Helga und ich hätten sich unentwegt wie auf einem Pulverfaß gefühlt. Obgleich wir uns natürlich ständig vorzusehen hatten, waren wir zu jung, um den Kopf hängen zu lassen. Wir erlebten trotz aller Bedrohungen insgesamt eine wundervolle Zeit. Ich muß mir versagen, von unseren vielen Ausflügen in die nahe und weitere Umgebung der Stadt zu berichten. Ich kann nicht eingehen auf unseren Scotch-Terrier Peterle, den Helga mir schließlich bewilligte, weil sie nicht mehr ansehen konnte, wie ich mich jedem Hund zuwandte, der uns über den Weg lief. Der Scotch war sechseinhalb Wochen lang unser getreuer Begleiter, als wir von Wien ins Rheinland flohen. Ich muß selbst darauf verzichten, von unseren Theaterbesuchen in der Burg und in der

Staatsoper zu erzählen; sie gehören zu unseren schönsten und bleibenden Erinnerungen. Ich muß statt dessen sprechen von unserem abrupten Aufbruch am Ostermontag, denn über Nacht standen die Zeichen auf Sturm. Die Ereignisse an der Ostfront überschlugen sich. Ich hatte meiner Frau längst versprochen, Wien rechtzeitig genug zu verlassen. Helga wollte um keinen Preis Rotgardisten in die Hände fallen.

Als ich nach dem ziemlich verunglückten Abschied von Professor Nadler an den Stefansplatz zurückkehrte, hatte sie gepackt; sie hatte die sich überstürzenden Rundfunkmeldungen verfolgt. Leider erwies sich die von ihr aus Wolldecken gefertigte Trage als unpraktikabel; sie schlug bei jedem Schritt in meine Kniekehlen, mit diesem Gepäckstück wären wir unweigerlich auf der Strecke geblieben. Wir kehrten zurück und räumten das meiste aus; mit dem wesentlich leichteren Rucksack schafften wir es bis ins Rheinland.

Gegen fünf Uhr erreichten wir den Westbahnhof. Der letzte Zug war vor gut zwei Stunden abgefahren. Helga sprach den Panzerfahrer an, der nur angehalten hatte, um am Kiosk etwas Heißes zu trinken. Er mußte den Panzer nach Sankt Pölten in die Reparaturwerkstätte bringen. Obschon sein Fahrzeug ziemlich besetzt war, erbarmte er sich unser. Die Insassen, vorwiegend Verwundete, aber auch ein paar andere zwielichtige Gestalten, rückten nur widerwillig zusammen; der von Natur aus mißtrauische Scotch erhöhte die Spannung, und erst als Helga auf die Idee kam, unseren Osterkuchen auszuteilen, schlug die Stimmung um.

Wir polterten durch die Nacht. Im Morgengrauen wurden wir kurz vor Sankt Pölten ausgeladen. Immerhin, wir waren dem Hexenkessel Wien unbeschädigt entronnen! Tag um Tag kamen wir runde dreißig Kilometer Richtung Westen voran, ausschließlich zu Fuß. Weil die Bevölkerung uns zumeist freundlich aufnahm und auch

nach Kräften bewirtete, ließen sich die Strapazen fürs erste ertragen. Nachdem wir vier Tage unbehelligt geblieben waren, hielt ich das Bedrohlichste für überwun-
den.
Bis wir an einem Vormittag die Enns erreichten. Fröhlich
stiegen wir, etwa eine halbe Stunde vor Steyr, hinab ins
Tal. Doch am drübigen Ufer hatte ein bewaffnetes Kommando Stellung bezogen, vier trugen die Uniform der
Partei, drei waren Wehrmachtsangehörige mit niederen
Chargen. Man kam nicht ungeschoren an ihnen vorbei.
Die Verbissenheit, mit der sie in Empfang nahmen. Kalt-
schnäuzig wurden wir informiert. Angesichts des sich ab-
zeichnenden Zusammenbruchs, angesichts der stündlich
wachsenden Zahl von Fahnenflüchtigen hatte die Partei
ein Exempel statuiert: Die Wehrmacht war ihrer Befehls-
gewalt entkleidet, im Raum Steyr hatte ausschließlich der
Kreisleiter der NSDAP das Sagen. Es gab keine Kapitulation! Hier fiel die Entscheidung! Die Parole lautete:
Siegen oder sterben!
Der „Kettenhund", der sich mit mir abgab, nahm kein
Blatt vor den Mund. Drückeberger wie mich begrüße
man mit besonderer Genugtuung. Ob ich mir eingebildet
habe, mich in Sicherheit bringen zu können, während
Tausende wackerer Freiheitskämpfer ins Gras bissen?
Der sogenannte Führererlaß nutze mir jetzt nicht mehr.
Mitgefangen, mitgehangen. Basta. Ich hätte mich auf di-
rektem Wege in die Stadt zu begeben, um im Kreishaus
einer Volkssturm-Einheit zugewiesen zu werden.
Was mit meiner Frau geschehe?
Der SS-Führer grinste. „Obdachlose Damen sammeln
wir im Auffanglager Vöcklabruck."
Noch eine Galgenfrist. Eine halbe Stunde bis Steyr,
Stadtmitte. Wir sprachen kaum. Was sollte man noch sa-
gen? Wir hatten uns zu sehr auf unser Glück verlassen.
Eigentlich mußte man dem Hitzkopf an der Brücke so-

gar recht geben! Wieso versuchten wir, unbeschädigt davonzukommen, wo doch Millionen anderer ihrem Schicksal gnadenlos ausgeliefert waren?

Und Helga? Nie läßt sie sich zu unbedachten Äußerungen hinreißen, schon gar nicht in brisanten Situationen. Bei diesen Verhältnissen sah selbst sie keine Chance. „Wenn wir jetzt getrennt werden, sehen wir uns nicht wieder." Ihre Untröstlichkeit traf mich ins Herz.

Das Kreishaus. Die Treppe hinauf in den ersten Stock. An diese Tür hatte ich zu klopfen.

Ich stockte. Sah um mich. Die Aktentasche! Wo war meine Aktentasche, in der ich sämtliche Dokumente verstaut hatte? Helga schüttelte den Kopf. Sie hatte auf die Tasche nicht geachtet. Es gab nur eine Erklärung. Ich hatte die Tasche am Tisch des Brückenpostens abgestellt und sie in meiner Aufregung dort stehenlassen.

Ich mußte zurück. Ohne die Unterlagen waren wir verloren. Um Helga die Mühe zu ersparen, sollte sie mit dem Hund am Rondell vor dem Kreishaus auf mich warten.

Zufall, daß ich die Tasche an der Enns-Brücke vergaß? Zufall, daß ausgerechnet zu der Zeit, in der Helga auf mich wartete, ein junger Pionier-Hauptmann auf der Treppe des Kreishauses herunterstieg? Zufall, daß ihm die junge, hübsche Frau auffiel, die trübselig auf einer Bank kauerte? Zufall, daß er sich nach der Ursache ihres Kummers erkundigte? Zufall, daß er sich spontan erbötig machte, sie und ihren Mann aus der Festung Steyr herauszuschleusen? Müßig zu erwägen, ob er eher der sympathischen Frau einen Gefallen erweisen oder ob er der Partei ein Schnippchen schlagen wollte, der er die Entmachtung der Streitkräfte übelnahm. Er war jedenfalls vom Kreisleiter persönlich beauftragt, die beschädigte Eisenbahnbrücke über die Enns instandzusetzen. Weil ihm meine Rückkehr zu lange dauerte, schickte er mir sogar seinen Fahrer entgegen. Alles Zufälle? Helga und ich glauben nicht an Zufälle. Nach unserer Überzeugung hatte unser Schutzengel gehörig die Hand im Spiel. An schwerbewaffneten Posten an der Stadtgrenze vorbei fuhren wir in einem Mannschaftswagen in die Freiheit. Der Marschbefehl des Kreisleiters genügte, den Konvoi undurchsucht passieren zu lassen.

Kremsmünster und Gmunden. Durch das Salzkammergut über Salzburg nach Rimsting am Chiemsee. Lieber hätten wir die wunderschöne Landschaft als zahlungskräftige, wohlgelittene Gäste kennengelernt. Jetzt mußten wir uns mehr oder weniger durchbetteln. Dabei entwickelten wir ein wirksames System. In katholischen Ortschaften legte ich dem Pfarrer meinen jesuitischen Ausweis vor. „Cum dilectum nostrum in Christo fratrem mittamus per totam Germaniam …" – („Da wir unseren in Christus geliebten Bruder durch ganz Deutschland schicken möchten …") Anderswo bemühte Helga sich um geneigte Gastfreundschaft. Fast ausnahmslos mit Erfolg.

Ursprünglich planten wir, in Rimsting eine Ruhepause einzulegen. Plötzlich jedoch verbreitete es sich wie ein Lauffeuer, daß um einundzwanzig Uhr noch einmal ein Zug von Bernau nach München fuhr. Wir faßten die günstige Gelegenheit beim Schopf und brachen auf.

Weil feindliche Bomberverbände gemeldet waren, wurde die Fahrt mitten auf der Strecke zweimal unterbrochen. Dadurch erreichten wir den Ostbahnhof von München erst am frühen Morgen. Nicht nur der Bahnhof allein bot ein Bild des Grauens. In der Nacht hatten amerikanische und britische Einheiten die Stadt heimgesucht. Über rauchende Trümmer, von Atemnot geplagt durch die Dunstschwaden, gelangten wir nach geraumer Zeit ans jenseitige Ende der Stadt. Der Scotch-Terrier mußte wegen des heißen Pflasters getragen werden.

Die Verwüstung der Stadt Augsburg stand der Münchens wenig nach. Welche Erleichterung, als wir durch das verschonte Lechtal nach Norden pilgerten! Über uns ein Pulk nach Süden ziehender Verbände; hoffentlich kam es keinem der begleitenden Jäger in den Sinn, aus reinem Übermut niederzustoßen und Zivilisten in Todesnot zu versetzen!

Ich wollte nach Wallerstein bei Nördlingen. Dort nach dem Frankreich-Feldzug mit Hanns Asbeck im evangelischen Pfarrhaus einquartiert, war ich der Pfarrersfrau, Valerie Rabus, ans Herz gewachsen, weil ich angeblich ihrem vor mehreren Jahren im Dorfweiher ertrunkenen Sohn Günter ähnelte. Im Pfarrhof gedachten wir das Kriegsende zu erleben. Es kam tatsächlich so. In der letzten Nacht noch wurde das dem Hause Rabus gegenüberliegende Gehöft in Brand geschossen. Beim Löschen beobachteten wir im Feuerschein SS-Verbände, die sich Richtung Altmühltal absetzten. Kurz darauf dröhnten amerikanische Panzerverbände über die Dorfstraße.

Zwei Tage Abschied nehmen. Am dritten setzten Helga, der Hund und ich den Fußmarsch fort. Was soll ich herausgreifen von den mannigfachen Erlebnissen? Die Geschichte von Creglingen, wo der Pfarrer einen Wirt unsanft zurechtwies, weil er uns wegen des Hundes die Unterkunft verweigerte? Dafür genossen wir im Pfarrhaus von Herzen kommende, christliche Gastlichkeit. Soll ich die beiden farbigen Wachtposten auf der Mainbrücke in Würzburg erwähnen? Unsere Papiere reichten ihnen nicht; über meinen lateinischen Ausweis amüsierten sie sich. Als Helga die Eierkarte zückte, die zum Erwerb von zwölf Eiern berechtigte, grinsten sie und sagten o.k. Soll ich auf die eingemachten Stachelbeeren von Tante Anna in Overath zu sprechen kommen? Sie mundeten hervorragend, bloß mußten wir unseren Heißhunger schrecklich büßen. Soll ich berichten vom Rheinübergang bei Königswinter? Man bestäubte nicht bloß Helga und mich erbarmungslos mit DDT; dem armen Hund verpaßte man einen derartigen Stoß, daß das Tier noch lange völlig verstört war.

Zweieinhalb Tage später standen wir vor der Tür meines Elternhauses.

Was ich erzählt habe, liegt fast ein halbes Jahrhundert zurück. Was ist inzwischen nicht alles geschehen! Wir haben schöne und schwere Tage erlebt, gute Zeiten und Prüfungen. Wir haben vier Kinder großgezogen und sind stolz auf vier Enkelkinder. Dabei bilden wir uns nicht ein, wir hätten es aus eigener Vollkommenheit zuwege gebracht. Gott hielt die Hand über uns. Dennoch hätten wir wahrscheinlich nicht so durchgehalten ohne unsere Erlebnisse bis 1945, die uns unauflöslich zusammenschweißten, ohne die Gefährdungen, in die ich mich dauernd gestellt sah und bei deren Ausräumung Helga mir tatkräftig half.

Damit behaupte ich nicht, ich hätte auf diese schwere Zeit nicht lieber verzichtet. Wir werden ohnehin nicht gefragt, es ist alles gefügt.

Aber ich behaupte, daß, da uns diese Tretmühle einmal vorbestimmt war, sie auch ihre positive Seite hatte. Geteilte Freude ist doppelte Freude, geteiltes Leid ist halbes Leid! Jedenfalls widerspreche ich der Jenny in Christa Wolfs Roman mit Nachdruck. Ohne „Einzelliebe", die ein halbes Jahrhundert Bestand hat, ohne Helga hätte ich mein Leben nicht so bestanden.